EL FUNDAMENTO

DEL

CALVINISMO AGUSTINIANO

EL FUNDAMENTO DEL CALVINISMO AGUSTINIANO

Traducido por Kevin D. Kenney

Datos de catalogación en publicación de la Biblioteca del Congreso

1. Calvinismo Agustiniano 2. Estoicismo
3. Neoplatonismo 4. Gnóstico 5. Maniqueísmo

Dedico este libro a aquellas personas que no tienen miedo

de dejar que la verdad triunfe sobre la tradición

Prefacio

El título de este libro expresa mi intención de asistir a toda persona que quiera a comprender como se llegó a construir la impresionante teología sistemática calvinista sobre el fundamento de la teología de Agustín.

El calvinismo agustiniano es un término que utilizan los calvinistas (los teólogos reformados) por que abarca el fundamento agustino que sustenta ese edificio teológico (como explicaremos más adelante). Se me pidió que escribiera un resumen breve y simplificado de mi tesis doctoral de Oxford para que otros lectores pudieran entender el fundamento del calvinismo agustiniano.[1] Este libro responde a esa petición, y está relacionado con mi tesis doctoral en la Universidad de Oxford en 2012, titulada "Cómo Agustín se convirtió de enseñar la libertad de elección tradicional a enseñar el 'libre albedrío no libre': Una metodología integral". Para dicho proyecto, leí todas las obras, cartas y sermones existentes de Agustín de manera cronológica y los comparé con las diversas creencias religiosas y filosóficas sobre el destino y el libre albedrío desde el año 2000 AEC hasta el año 400 EC. También leí los primeros autores cristianos (los primeros padres de la iglesia). Aquella tesis se sometió a numerosas correcciones y se agregaron otras informaciones, junto con un índice de temas y una lista de citas bíblicas

---

[1] Esto sucedió después de que se hiciera pública mi entrevista por video con el Dr. Leighton Flowers el 26 de febrero del 2019. Dr. Flowers es el Director de Evangelismo y Apologética para los Bautistas de Texas y el presentador del podcast "Soteriology 101." En el siguiente enlace se puede ver el video de nuestra entrevista del 26 de febrero del 2019: https://youtu.be/BnOMORGM2Qw.

que utilizaban los gnósticos y los maniqueos para probar su determinismo. Esta tesis se publicó de la siguiente manera: Kenneth M. Wilson, *Cómo Agustín se convirtió de enseñar la libertad de elección tradicional a enseñar el 'libre albedrío no libre': Una metodología integral* ien Studien Und Texte Zu Antike Und Christentum 111 (Tübingen: Mohr Siebeck, 2018). He escrito tanto este libro actual como mi libro *Cómo Agustín se convirtió* con un espíritu de aceptación de las diferencias entre diversos grupos religiosos. Ya existen demasiadas divisiones dentro de cada religión. El sistema calvinista se remonta a las ideas e interpretaciones de los escritos de Agustín; pero no comprende que el fundamento del determinismo de Agustín surge de ciertas filosofías y religiones no cristianas anteriores al cristianismo. Los calvinistas siempre dicen que las doctrinas de Agustín siguen las enseñanzas del apóstol Pablo. Este libro tiene como objetivo desvelar los factores que influenciaron sobre Agustín y que le llevaron a la teología determinista que se ve en sus escritos posteriores.

Este libro proporciona un acceso muy abreviado y simplificado a los conceptos más importantes de mi disertación.[2] Esto incluye las filosofías y religiones antiguas, los primeros autores cristianos (95–400 EC) y las razones por las que Agustín se convirtió teológica y filosóficamente de hablar con una voz al lado de los primeros autores cristianos, a proponer su novedosa teología posterior. He incluido la traducción de ciertas citas que estaban en otros idiomas y en idiomas antiguas. Para ayudar a aquellos que no están en el mundo de la erudición, he simplificado cierto contenido y vocabulario. He conservado los títulos y las referencias en latín, ya que las traducciones a menudo tienen diferentes numeraciones

[2] Quisiera dar crédito y agradecimiento a Traci Emerson, J.D., M.L.I.S. por su ayuda en completar esta labor. Si han quedado desafíos para el lector, estas quedan a mi cuenta.

de capítulos. No se han reproducido ni la bibliografía ni los apéndices de mi libro *Cómo Agustín se convirtió*.

Este libro es un resumen y no es adecuado para una evaluación crítica en el contexto de un estudio académico. Los eruditos que estén interesados en este tema y que quieran leer mi interacción completa con las fuentes primarias en los idiomas originales, y quieran interactuar con las complejidades de los argumentos, deben leer y responder a la completa obra académica que se ha publicado (ISBN-13: 978-3161557538, también disponible de Mohr Siebeck como libro electrónico). Ninguna crítica ni evaluación de este libro simplificado debe considerarse como respuesta académica. Primero es necesario que un erudito públicamente evalúe mi libro *Cómo Agustín se convirtió* (el libro completo con su contenido académico) en una revista o libro revisado por iguales. Me parece necesario declarar esto explícitamente porque muchas personas, incluso eruditos, pueden verse tentados a rechazar las conclusiones por razones personales y evitar (incluso de modo subconsciente) investigar legítimamente la conversión de Agustín al determinismo.

Los calvinistas siempre dicen que las doctrinas de Agustín siguen las enseñanzas del apóstol Pablo. Este libro tiene como objetivo desvelar los factores que tuvieron una influencia sobre Agustín, y que le llevaron a la teología determinista que expresan sus escritos posteriores. Después de considerar los múltiples factores que tuvieron su influencia sobre el Obispo de Hipona, cada persona tendrá la oportunidad de decidir si quiere seguir aceptando el calvinismo, entendiendo que estas influencias fueron demasiado extensas, o si continuará creyendo que el gran Agustín concordaba con el apóstol Pablo. Mi esperanza es que cada lector considere cuidadosamente la evidencia presentada en este libro y afronte cuestiones sobre el libre albedrío cristiano y el determinismo con una mente abierta.

Tabla de contenidos

Abreviaturas

Abreviaturas generales

1 Apol. y 2 Apol.	*Apologia 1 y Apologia 2*	Justo Mártir
Ad Marc.	*Ad Marcellam*	Porfirio
Adv. def. orig. pecc.	*Adversus defendendum originale peccatum*	Teodoro
Adv. haer. / AH	*Adversus haeresis*	Ireneo
Adv. Mac. spir. sancto	*Adversus Macedonianos de spiritu sancto*	Gregorio
Adv. Marc.	*Adversus Marcionum (Contra Marción)*	Tertuliano
An.	*De anima*	Tertuliano
AugStud	*Estudios agustinianos*	
Autol.	*Ad Autolycum*	Teófilo
Bern.	*Epístola de Bernabé*	
Cat.	*Catecheses*	Cirilo de Jerusalén
Cat. mag.	*Oratio catechetica magna*	Gregorio
CCL	*Corpus christianorum series latina*	
CMC	*Códice Maniqueo de Colonia*	
Comm. Ev. Jo.	*Commentarii in evangelium Iohannis*	Orígenes
Comm. Ioh.	*Commentarium Iohannan*	Teodoro
Comm. Romanos	*Commentariorum in Romanos*	Ambrosiastro
Comm. Rom.	*Commentarii Romanos*	Orígenes

C. Ar.	*Contra Arianos*	Atanasio
C. Eun.	*Contra Eunomium*	Gregorio
Cels.	*Contra Celsus*	Orígenes
Corp. Herm.	*Corpus Hermeticum*	Gnóstico
Cult. fem.	*De cultu feminarum*	Tertuliano
CSEL	*Corpus scriptorum ecclesiasticorum latinorum*	
DH	*Definiciones de Hermes Trismegisto a Asclepios*	Gnóstico
De Abrah.	*De Abraham*	Ambrosio
De bapt.	*De baptismo*	Tertuliano
De cib. Jud.	*De cibis Judaicis*	Novaciano
De prov.	*De providentia*	Alejandro de Afrodisias
De resurr.	*De resurrectione*	Atenágoras
Dial.	*Dialogue with Trypho*	Justo Mártir
Dial. de anima et res.	*De anima et resurrectione dialogus*	Gregorio
Diogn.	*Epístola de Diogneto*	
Disc.	*Discursos*	Epicteto
Div.	*De divinatione*	Cicerón
PDUDEI	*Predeterminación Divina Unilateral de los Destinos Eternos de los Individuos*	
Enn.	*Enneads*	Plotino
Ep. (ep.)	*Epístola*	
Exc. Satyri	*De excessu fratris sui Satyri*	Ambrosio
Exc. Theod.	*Excerpta ex Theodoto*	Teodoto el Valentiniano

Fat.	*De fato*	Cicerón
Haer.	*Refutatio omnium haeresium*	Hipólito
Hom. Hex.	*Homilae Hexaēmeros*	Basilio
Hom. Psa.	*Tractatus super Psalmos*	Hilario
Inst.	*Divinarum institutionum*	Lactancio
JECS	*Journal of Early Christian Studies*	
M.	*Mani*	Códice Maniqueo de Colonia
Mir. M.	*Mitteliranishce Manichaica*	
Opif. hom.	*De opificio hominis*	Gregorio
PG	*Patrologia graeca*	
PL	*Patrologia latina*	
PLS	*Patrologia Latina Supplementum*	
P. Arch.	*Peri Archon*	Orígenes
P.P.	*Peri pascha*	Melito
Paen.	*De paenitentia*	Ambrosio
Praep. ev.	*Praeparatio evangelica*	Eusebio
Princ.	*De principiis*	Orígenes
Ref. conf. Eun.	*Refutatio confessionis Eunomii*	Gregorio
Sent.	*Sententiae ad intelligibilia ducentes*	Porfirio
S. Q. Hoarti Flacci	*Sermomum Quinti Horatii Flacci poëmata*	Horacio
Sir.	*Sirach*	
ST	*Summa theologica*	Tomás de Aquino
St.Patr.	*Studia patristica*	
Strom.	*Stromata*	Clemente
Symp.	*Symposium decem virginum*	Metodio

Trat.	*Tratato*	Cipriano
Trat. Res.	*Tratado sobre la Resurrección*	Gnóstico
Val.	*Adversus Valentinianos*	Tertuliano
Vig.Chr.	*Vigiliae Christianae*	

Tanaj (Antiguo Testamento cristiano)

Gn.	Génesis
Ex.	Éxodo
Lv.	Levítico
Dt.	Deuteronomio
Jos.	Josué
1 S.	1 Samuel
1 R.	1 Reyes
Sal.	Salmos
Pr.	Proverbios
Ec.	Eclesiastés
Is.	Isaías
Jer.	Jeremías
Ez.	Ezequiel

Nuevo Testamento

Mt.	Mateo
Ro.	Romanos
1 Co.	1 Corintios
2 Co.	2 Corintios
Ga.	Gálatas
Ef.	Efesios

Flp.	Filipenses
1 Ts.	1 Tesalonicenses
1 Tm.	1 Timoteo
2 Tm.	2 Timoteo
Flm.	Filemón
Heb.	Hebreos
Stg.	Santiago
1 P.	1 Pedro
2 P.	2 Pedro

Obras de Agustín de Hipona

Acad.	*Contra Academicos (Contra los académicos)*
Adim.	*Contra Adimantum (Contra Adimanto)*
Agon.	*De agone christiano (Sobre la lucha cristiana)*
Bapt.	*De baptismo contra Donatistas (Sobre el bautismo contra los donatistas)*
Bon. conj.	*De bono coniugali (Sobre el buen matrimonio)*
Catech. rud.	*De catechizandis rudibus (Instruyendo los indoctos)*
Civ.	*De civitate dei (La ciudad de Dios)*
Conf.	*Confessiones (Confesiones)*
C. Adim.	*Contra Adimantum (Contra Adimanto)*
C. du. ep. Pel.	*Contra duas epistulas Pelagianorum (Contra las dos epístolas de los pelagianos)*
C. Jul.	*Contra Iulianum (Contra Julio)*
C. litt. Petil.	*Contra litteras Petiliani (Contra las cartas de Petiliano)*
Corrept.	*De correptione et gratia (Sobre la reprensión y la gracia)*

Div. quaest.	*De diversis quaestionibus octoginta tribus (Sobre ochenta y tres cuestiones diversas)*
Doctr. chr.	*De doctrina christiana (Sobre la doctrina cristiana)*
Enchir.	*Enchiridion ad Laurentium de fide spe et caritate (Manual para Lorenzo sobre la fe, la esperanza y la caridad)*
Exp. prop. Rom.	*Expositio quarumdam quaestionum in epistula ad Romanos (Exposición sobre preguntas en la epístola a los romanos)*
Faust.	*Contra Faustum (Contra Fausto)*
Fel.	*Contra Felicem Manichaeum (Contra Felix el maniqueo)*
Fid. op.	*De fide et operibus (Sobre la fe y las obras)*
Fid. symb.	*De fide et symbol (Sobre la fe y el credo)*
Fort.	*Contra Fortunatum Manichaeum (Contra Fortunato el maniqueo)*
Gen. litt.	*De Genesi ad litteram (Comentario sobre Génesis)*
Grat. Chr.	*De gratia Christi et de peccato originali (Sobre la gracia de Cristo y el pecado original)*
Grat.	*De gratia et libero arbitrio (Sobre la gracia y el libre albedrío)*
Immort. an.	*De immortalitate animae (Sobre la inmortalidad del alma)*
Leg. adv.	*Contra adversarium legis et prophetarum (Contra los adversarios de la Ley y los Profetas)*
Lib. arb.	*De libero arbitrio voluntatis (Sobre el libre albedrío)*
Nat. bon.	*De natura boni contra Manichaeos (Sobre la naturaleza del bien contra los maniqueos)*
Nat. grat.	*De natura et gratia (Sobre la naturaleza y la gracia)*
Nat. orig.	*De natura et origine animae (Sobre la naturaleza y el*

	origen del alma)
Ord.	*De ordine (Sobre la providencia)*
Pecc. merit.	*De peccatorum meritis et remissione et de baptismo parvulorum (Sobre el perdón de pecados y el bautismo de los niños)*
Persev.	*De dono perseverantiae (Sobre el regalo de la perseverancia)*
Praed.	*De praedestinatione sanctorum (Sobre la predestinación de los santos)*
Quant. an.	*De animae quantitate (Sobre la medida del alma)*
Retract.	*Retractationes (Retractaciones)*
S.	*Sermones (Sermones)*
Simpl.	*Diversis quaestionibus ad Simplicianum (Varias preguntas a Simpliciano)*
Solil.	*Soliloquia (Soliloquios)*
Spir. et litt.	*De spiritu et littera (Sobre el Espíritu y la Letra)*
Symb.	*De symbolo ad catechumenos (El credo a los indoctos)*
Trin.	*De trinitate (Sobre la Trinidad)*
Unit. eccl.	*Ad Catholicos epistola contra Donatistas vulgo de unitate ecclesiae (A los católicos: Sobre la unidad de la Iglesia contra los donatistas)*
Ver. rel.	*De vera religione (Sobre la verdadera religión)*

Traducciones y citas

En mi tesis doctoral original y en *Cómo Agustín se convirtió*, utilicé las siguientes fuentes principales para las citas que estaban en griego y en latín: *Patrologia Graeca, Patrologia Latina, Corpus Christianorum Series Latina* y *Corpus Scriptorum Ecclesiasticorum Latinorum*. Todas las traducciones de las obras de Augustine al inglés de mi obra original se derivan de *The Works of Saint Augustine: A Translation for the 21st Century* del Augustinian Heritage Institute, Inc., publicado por New City Press, Hyde Park, Nueva York (1990-2018), a menos que se indique lo contrario y cuando existan traducciones en la serie. Las citas bíblicas en castellano provienen de *La Biblia de las Américas*. En este breve libro, las traducciones de ciertos idiomas modernos y antiguos al inglés (Nota del traductor: Se ha hecho lo posible para ser preciso en la traducción al castellano), son mías a menos que mi libro *Cómo Agustín se convirtió* indique lo contrario.

Introducción

Una teología sistemática es como un impresionante edificio, pero lo que realmente importa es el fundamento de aquel edificio. La teología de la reforma protestante en el siglo XVI se construyó sobre un fundamento que puso Agustín por medio de Martín Lutero (un monje agustino) y por medio de Calvino (un fervoroso discípulo de Agustín). Puede ser que en el cristianismo occidental nadie alcance el prestigio de Agustín como teólogo-filósofo. Y sin embargo, el cristianismo oriental no le venera.[3] La Iglesia ortodoxa oriental no le considera uno de sus "padres" como sí ocurre en la Iglesia católica romana. El cristianismo oriental no le considera una gran autoridad como sí ocurre en los escritos protestantes. Este libro examina cómo Agustín se convirtió de la visión cristiana tradicional de la libre elección en la salvación (en su lucha contra el determinismo estoico y gnóstico), y regresó a su anterior postura maniquea, la cual sostenía que lo divino había determinado los destinos eternos (sea cielo o infierno) de manera unilateral.

En el ámbito del cristianismo, la veracidad de cierta teología no se establece por medio de su antigüedad sino por su conformidad a las Escrituras, la lógica y finalmente una consideración hacia la tradición. La teología de Juan Calvino, que ya cumplió 500 años de antigüedad, fue

---

[3] Michael Azkoul, *The Influence of Augustine of Hippo on the Orthodox Church* in Text and Studies in Religion, vol. 56 (Lewiston, NY: Edwin Mellen, 1990), 33–42 y iii: "Existen buenas razones por las que la ortodoxia [griega/rusa] nunca le haya reconocido como padre de la Iglesia."

derivada directamente de Agustín, que se extravió del fundamento de la teología de la patrística tradicional que llevaba enseñándose más de mil años antes de Calvino. Necesitamos explorar el novedoso fundamento sobre el cual yace la fase posterior de la teología cristiana de Agustín. Esta exploración desvelará el siguiente hecho: que se ha construido el impresionante rascacielos de lógica del calvinismo agustiniano sobre un inestable fundamento de arena. Y esta arena está compuesta de un sincretismo pagano (o sea, una mezcla de ideas paganas y cristianas).

Las primeras influencias que tuvo Agustín de Hipona procedieron del estoicismo, el neoplatonismo y el maniqueísmo, y estas determinaron su teología final. Y en su fase posterior, interpretaba las Escrituras con su filtro determinista, volviendo a sacar del pozo de las interpretaciones maniqueas precristianas. La teología reformada moderna defiende sus posturas utilizando los mismos pasajes bíblicos claves que utilizaban los herejes maniqueos del cuarto y quinto siglo. Y fue Agustín el que las metió en el cristianismo. Numerosos eruditos citan estos pasajes bíblicos y citan a Agustín como su autoridad para validar sus interpretaciones calvinistas agustinianas. No se dan cuenta que estas interpretaciones de las Escrituras tienen su origen en el paganismo del estoicismo, neoplatonismo y maniqueísmo. Y que dichos orígenes les dan un carácter altamente determinista.

Agustín inventó los cinco puntos del sistema calvinista (TULIP en inglés): la depravación total, la elección incondicional, la expiación o redención limitada, la gracia irresistible y la perseverancia de los santos. De todos estos, el punto más importante es la depravación total (en esta doctrina el ser humano pierde su libre albedrío, y por ende es totalmente incapaz de responder a Dios). Este punto requiere una elección incondicional (Dios unilateralmente tiene que dar el don de la fe) y la perseverancia de los santos (ya que los dones de Dios son perfectos).

Estas tres variaciones doctrinales produjeron las siguientes dos deducciones lógicas: la gracia irresistible y la expiación limitada. Como resultado, Paul Helm, un teólogo reformado, utiliza el término "calvinismo agustiniano" para describir su propio sistema.[4] Helm tiene razón ya que Calvino admitió: "Agustín está tan completamente dentro de mí que podría escribir toda mi teología desde sus escritos".[5]

Por lo tanto, primero examinaremos brevemente las enseñanzas del estoicismo, el neoplatonismo, el gnosticismo y el maniqueísmo. A continuación, explicaremos los escritos cristianos (de los primeros padres) antes de que Agustín se convirtiera mientras luchaba contra estas filosofías deterministas paganas (el estudio de los primeros padres cristianos se llama la patrística). Finalmente, investigaremos las primeras posturas cristianas tradicionales de Agustín, y luego exploraremos cuándo y por qué cambió a las posturas deterministas que sostuvo más tarde.

Cuanto más uno comprende el estoicismo, el neoplatonismo y el maniqueísmo gnóstico, y cuanto más uno lee los escritos de Agustín, tanto más queda en relieve que Agustín se apoyó muchísimo en las filosofías y religiones que había estudiado anteriormente, convirtiéndose al "libre albedrío no libre" determinista en el año 412 EC. Los hechos objetivos no respaldan la afirmación popular de que lo que realmente le impulsó a Agustín hacia el determinismo fue la lectura de las Escrituras (Romanos, Gálatas y 1 Corintios) en su obra *Ad Simplicianum* 2,

---

[4] Paul Helm, *"The Augustinian-Calvinist View" en James Bielby y Paul Eddy, eds. Divine Foreknowledge: Four Views (Downers Grove, IL: IVP), 161–189.*

[5] John Calvin, "A Treatise on the Eternal Predestination of God," en John Calvin, *Calvin's Calvinism*, trad. por Henry Cole (London: Sovereign Grace Union; repr., 1927), 38. En sus *Institutos* Calvino cita a Agustín centenares de veces.

supuestamente escrita (pero erróneamente fechada, como se verá) en el año 396 EC.

Una exhaustiva lectura cronológica (en el orden en que fueron escritos) de todas las obras, sermones y cartas de Agustín, proporciona la única manera de comprender lo que le sucedió al famoso obispo de Hipona, y por ende lo que sucedió dentro del cristianismo occidental. Muchos protestantes de la Reforma abrazaron el determinismo teológico como concepto cristiano. Y Agustín fue la causa directa.

> Porque cualquiera que lea mis obras en el orden en que fueron escritas, quizás podrá hacer aflorar cómo fui progresando sobre el curso de mis escritos.
>
> –Agustín (*Retract.,* Prol.3).

Capítulo 1
Estoicismo, neoplatonismo, gnosticismo, y maniqueísmo

Los eruditos han identificado al estoicismo, al neoplatonismo y al maniqueísmo gnóstico como influencias importantes sobre la mente de Agustín de Hipona.[1] Agustín pasó muchos años personalmente inmiscuido en estas tres filosofías, las cuales son extremadamente deterministas. Los términos destino y predestinación conllevan muchas connotaciones filosóficas y teológicas. Por eso acuñé la frase Predeterminación Divina Unilateral de los Destinos Eternos de los Individuos (PDUDEI) con el fin de explorar las similitudes y diferencias entre la literatura pagana y cristiana y no mezclar ideas preconcebidas.[2]

---

[1] John Rist, *Stoic Philosophy* (Cambridge: Cambridge University Press, 1969); Marianne Djuth, "Stoicism and Augustine's Doctrine of Human Freedom after 396" en Joseph C. Schnaubelt y Frederick Van Fleteren, eds. *Augustine: Second Founder of the Faith.* Collectanea Augustiniana (New York: Peter Lang, 1990); Gerard O'Daly, *Platonism Pagan and Christian: Studies in Plotinus and Augustine* (Aldershot, UK: Ashgate, 2001); Johannes Van Oort (2006). "Augustine and Manichaeism: New Discoveries, New Perspectives," *Verbum et Ecclesia JRG* 27.2 (2006): 710–728; N. Joseph Torchia, "St. Augustine's treatment of superbia and its Plotinian Affinities," *Aug.Stud.*18 (1987): 66–79; M. Testard, *Saint Augustin et Cicerón*, Bd.1: Cicerón dans la formation et dans l'œuvre de saint Augustin; Bd. 2: Répertoire des textes (Paris, 1958).

[2] De aquí en adelante "Predeterminación Divina Unilateral de los Destinos Eternos de los Individuos" se utilizará intercambiablemente con las siglas PDUDEI.

A. Estoicismo

El estoicismo fue el primer factor determinista que tuvo su influencia sobre Agustín, que enseñaba que el destino controla cada evento minúsculo en el universo. El filósofo estoico Séneca el Joven declaró en pocas palabras: "El destino dirige al que quiere y arrastra al que no quiere”.[3] Un ser humano tiene que ser totalmente bueno o totalmente corrupto sin ningún punto medio. En el estoicismo, solo era libre la persona sabia.[4]

Los estoicos enseñaban un "libre albedrío no libre" con el fin de resolver lo que percibían como el problema con “la malvada voluntad o capacidad decisoria". Los humanos están en la prisión de sus malas decisiones porque su capacidad innata de escoger está defectuosa. Con gran habilidad, Crisipo (un estoico que vivió aproximadamente entre los años 279–206AEC) había redefinido el determinismo causal (todo ha sido causado). Separó el determinismo causal de la necesidad (el destino) mediante la utilización de una falsa posibilidad hipotética de oportunidad imposible. En otras palabras, aunque una persona tuviera cero posibilidades de incumplir su destino, la oportunidad todavía existiría y, por lo tanto, aún existiría el "libre albedrío" (*Fat.12-15*).[5] Esto podría compararse con un robot preprogramado que escoge aquello por lo que está programado, cuando se le da la oportunidad de "escoger". Crisipo también alegó una compatibilidad (que ambas simultáneamente pueden

---

[3] Lucius Seneca, Epístola a Lucilius.

[4] Bertrand Russell, *A History of Western Philosophy* (London: George Allen and Unwin, 1946.; repr., London: Routledge, 2004), 253–254; Rist (1969), 24–27.

[5] Anthony A. Long y David N. Sedley, *The Hellenistic Philosophers*, vol.1 (Cambridge: Cambridge University Press, 1987), 393.

ser ciertas) entre este determinismo estricto y el "libre albedrío", al crear la idea de una regresión infinita (retroceder infinitas veces en el tiempo a causas anteriores).[6] Pero aun así esta regresión contenía una ambigüedad en cuanto a cuál pudiera ser el significado de 'causado'.[7] En la enseñanza de Crisipo, las acciones humanas son causadas/predestinadas porque:

1.) Diversas influencias externas causan/predestinan nuestra personalidad.
2.) Nuestra personalidad causa/predestina nuestro asentimiento (lo que decidimos), y, por lo tanto,
3.) nuestra culpabilidad moral existe porque asentimos (estamos de acuerdo/decidimos).

Por medio de este razonamiento, Crisipo exige la culpabilidad moral de una persona *a pesar de que* dicha persona esté controlada por el asentimiento de una personalidad predestinada por causas externas predestinadas. Tal razonamiento demuestra que este determinismo estricto del estoicismo, se esconde tras una mera fachada que llamaban "libre albedrío". Esta fachada consta de un "libre albedrío no libre" (un libre albedrío predestinado), lo cual es un oxímoron.[8] La analogía que usaban los estoicos era la de un perro que estaba atado a una cuerda, la cual estaba atada a un carro tirado por caballos. El perro tiene libre albedrío: el perro puede escoger seguir el carro o ser arrastrado por el carro. A pesar de esta analogía, los eruditos han concluido correctamente que este supuesto "libre albedrío relativo" dentro del determinismo de los estoicos, realmente no permite escoger libremente.[9] Es imposible

---

[6] Filosóficamente, este es un argumento falso (no reconocido como legítimo).

[7] Brad Inwood, *Ethics and Human Action in Early Stoicism* (Oxford: Clarendon Press, 1985), 69–70.

[8] Un oxímoron es un término que se autocontradice y que no puede ser cierto.

[9] David Winston, "Chapter 13: Philo of Alexandria," en Lloyd P. Gerson, ed. *The Cambridge History of Philosophy in Late Antiquity* (Cambridge: Cambridge

reconciliar el determinismo estoico con el verdadero libre albedrío. Como resultado, "los estoicos se enfrentaron a un serio desafío al intentar reconciliar la responsabilidad moral con el determinismo", el cual intentaron evadir con su retórica, redefiniendo el concepto del asentimiento: la "causa interna donde radica la responsabilidad es el asentimiento", y consideraban que el asentimiento era "una causa inagotable de impulsos."[10] ¿Y cuál fue la conclusión de los estoicos? El asentimiento (el estar de acuerdo/el escoger) mismo está predestinado. Al igual que algunos filósofos y teólogos de la modernidad, los estoicos evadieron la incompatibilidad entre el determinismo y el libre albedrío, redefiniendo términos e inventando matices ingeniosos. A pesar de sus matices, los estoicos creían que cada evento en el universo estaba predeterminado y predestinado por los dioses.

En su primera obra, *Sobre la Providencia* (*De ordine*, 386 EC) Agustín enseña esta misma filosofía estoica al afirmar que un Dios meticulosamente microgestionador predetermina la caída de una hoja de un árbol en un lugar exacto, y Dios ha predeterminado los pequeños movimientos de los músculos de los cuellos de dos gallos de pelea.[11] Agustín mismo destacó que jamás, en todos sus viajes filosófico-religiosos, había dudado de una cosa, y aquella cosa era la Providencia (estoica) (*Conf.6.5,7; cf. Ord.2.12*).

B. Neoplatonismo

El neoplatonismo fue el segundo factor que influenció sobre Agustín y que le empujaron hacia sus ideas deterministas. Plotino lo instituyó

University Press, 2010), 248, fnt.13.

[10] Inwood (1985), 45–55.

[11] Agustín, *De providentia*, 1.12–25.

(*ca.*250) y Porfirio lo popularizó (*ca.*350). Plotino rechazó la idea judía y cristiana de que la humanidad hubiera retenido el *imago Dei* (la imagen divina) después de que cayera el primer ser humano en el pecado. Esa imagen divina se pierde completamente al conectarse el alma inmaterial con la materia física. Esa imagen divina solo puede regresar al morir con la eliminación de la materia física (el cuerpo) (*Enn.*1.1.12; 4.3.12).[12] La vida tiene como objetivo el "devolver al dios en uno mismo a lo divino en el todo" mediante la reabsorción al Uno (*Enn.*1.4; 3.7.34.19, similar a "la Fuerza" en la Guerra de las galaxias que no posee personalidad).[13] Plotino tomó prestada la distinción que había hecho Aristóteles, de que solamente el alma liberado del cuerpo puede ser libre para razonar correctamente. Y por lo tanto, una persona no puede tener libre albedrío mientras está dentro de un cuerpo (*De provid.*3.1.8).[14]

El mal no llega a ser meramente por existir como materia física (como en el gnosticismo/maniqueísmo) sino que el mal se introduce a través de una combinación de materia, alma y cuerpo.[15] No puede haber libertad

---

[12] Kevin Corrigan, *Reading Plotinus: A Practical Introduction to Neoplatonism* (West Lafayette, IN: Purdue University Press, 2005), 46–47; Mark Edwards, *Neoplatonic Saints: The Lives of Plotinus and Proclus by Their Students.* Traducido con una introducción (Liverpool: Liverpool University Press, 2000), xxviii.

[13] A.P. Bos, "World-views in Collision," en David T. Runia, ed. *Plotinus amid Gnostics and Christians* (Amsterdam: Free University Press, 1984), 13. "Formula la labor del hombre como 'recuperando el dios en uno mismo a lo divino en el todo.'"

[14] Cf., Carlos Steel, *Proclus:* On Providence (London: Duckworth, 2007), 6–7; Cf. *De provid.*15 sobre *De anima* 1.1, 403a 10–12 y *De provid.*56–57 y 63.

[15] Denis O'Brien, "La matière chez Plotin: son origine, sa nature," *Phronesis* 44.1 (1999): 45–71.

para el alma de una persona si no hay una asociación directa con el Intelecto o el Uno (*Enn. 4.3.5.15*).[16] Plotino pensaba que había podido reconciliar las aparentes contradicciones entre la necesidad y la libre elección. Cuando la humanidad tomó la libre y voluntaria elección de volverse física en lugar de permanecer puramente espiritual, su libertad de elección quedó destruida. Por lo tanto, se necesita una infusión divina en la voluntad para poder restaurar aquella libertad de elección, (*Enn.3.2.9.1, 2.3.1.1, 3.3.19–21; 4.8.5.1–4*). Citando *Enn.4.4.44.32*, el erudito Georges Leroux enfatiza que en este sistema neoplatónico, todas las personas hacen maldades involuntariamente, y no obstante todos son moralmente culpables por su pecado.[17]

Por lo general, las obras de la erudición moderna explican que tanto Plotino (*Enn.*2.9.1–3; 3.9.3; 5.1.2) como Porfirio (*Ad Marc.*24; *Sent.* 31; *Praep. Ev.* 11.28.15) enseñaban el libre albedrío en vez del determinismo. ¿Por qué? Pues porque ambos definían el determinismo *solamente* en el ámbito de la astrología. El neoplatonismo no se clasificaba como destino determinista mientras no se apelara a las estrellas como el factor que controlaba los destinos humanos. Esto *en teoría* conservaba la αὐτεξούσιον (autexousion, aquello que depende de nosotros los humanos), pero aun así el neoplatonismo exigía un determinismo estricto ya que ellos creían que son los seres divinos los que controlan a los humanos en cada aspecto de la vida (la Providencia estoica). El Alma Universal debe dar el regalo del amor a las almas de cada individuo. Esto proviene del Espíritu que implanta el amor deseado

---

[16] Georges Leroux, "Human Freedom in the Thought of Plotinus," en Lloyd P. Gerson, ed. *The Cambridge Companion to Plotinus* (Cambridge: Cambridge University Press, 1996), 298; similar al proverbio estoico que decía que solo la persona sabia es libre.

[17] Leroux (1996), 311.

(*Enn.*3.5.4; cf., 1.7.9). Esta infusión divina es necesaria porque 'la voluntad' ("el decididor" estoico)[18] ha estado atada por la maldad universal innata (*Enn.*3.2.10). El mal produjo una caída que nos incapacitó totalmente, encarcelándonos en contra de nuestras voluntades y creando en nosotros una "voluntad malvada" (*Enn.*1.8.5). Así pues, paradójicamente, las almas ni tienen verdadero libre albedrío ni actúan por impulso externo (*Enn.*4.3.13). Los humanos somos libres de escoger solo lo que nuestro 'decididor' totalmente corrupto desea (una vez más, una idea derivada del estoicismo).

El dios neoplatónico, aquel "Principio de la Razón", deseó y creó más personas malas que buenas. Este dios creó personas malas y las predestinó a una condenación ajena a cualquier elección humana, pero los humanos siguen siendo culpables y siguen condenados. ¿Por qué? Porque el universo es justo y bueno cuando cada persona desempeña su papel asignado por la divinidad, incluso aquellos humanos que gritan torturados desde el Tártaro (*Enn.*3.2.17).[19] "El Uno" (dios) solo puede escoger y hacer el bien y, por lo tanto, queda justificado por derecho innato de cualquier injusticia. Plotino, al igual que los estoicos, intenta convencernos de que es innecesaria la presencia de un deseo contrario o de una acción alternativa para que algo sea voluntario, sino que dicho deseo o acción es el resultado de un "libre albedrío no libre" (*Enn.*6.8.3–

[18] A pesar de milenios de adhesión filosófica a que existe una definida facultad "decididora" en el ser humano (una parte del cuerpo humano que nos hace desear o escoger), ni la medicina moderna, ni la ciencia ni la Biblia saben nada de una facultad que haga que los humanos "decidan". Ver mi próximo libro, *God's Sovereignty: An Historical, Philosophical, and Theological Analysis*, 2020.

[19] Long y Sedley (1987), 342, 392. Tártaros es el lugar de castigo para los impíos que han muerto.

4). Por dichas razones, los eruditos (y otras personas familiarizadas con los escritos de Agustín) reconocen que los escritos paganos deterministas de Plotino, Porfirio y Cicerón tuvieron una gran y profunda influencia sobre Agustín.[20]

C. Gnosticismo

Existe un elemento esencial que identifica una idea como 'gnóstica'. Ese elemento es la creencia que un dios rival malo creó este cosmos malo compuesto de materia física.[21] Los gnósticos eran dualistas cósmicos, lo cual significa que todo aquello que está hecho de materia física es malo y todo lo que no es físico (espiritual) es bueno. Los humanos nacen malos porque poseen un cuerpo físico. Por lo tanto, los humanos están condenados al nacer. Valentín el Gnóstico enseñaba que Dios ofrece el mensaje de salvación a todos los humanos por igual. No obstante, dios solo da a los elegidos predeterminados el poder de aceptar esa invitación.[22] Este dios gnóstico unilateralmente restablece "el raciocinio" correcto a la voluntad humana indefensa y corrupta, dándole un don a la mente (*Corp. Herm.*4.4; 6,68.36; 6,69.31–32; *DH.*5.3). Cuando la gracia divina

[20] Gerard O'Daly, *Platonism Pagan and Christian: Studies in Plotinus and Augustine* (Variorum Collected Studies Series 719, Farnham, UK: Ashgate, 2001) y Augustine Curley, O.S.B. "Cicero, Marcus Tullius," en Allan D. Fitzgerald, ed. *Augustine Through the Ages: An Encyclopedia.* Grand Rapids, MI: Eerdmans, 1999), 190–3.

[21] Mark Edwards, *Catholicity and Heresy in the Early Church* (Farnham: Ashgate, 2009), 1; que se encuentra en el título de Porfirio en *Enn.*2.9.

[22] Albrecht Dihle, *The Theory of Will in Classical Antiquity* (Berkeley, CA: University of California Press, 1982), 151–154; *Ev. Ver.*11, 30–31; *Corp. Herm.*1.26. Los elegidos eran πνευματικοί (los espirituales) que poseían las partículas de Luz que se les requería tener para poderse salvar de la ignorancia.

implanta dicha semilla espiritual, entonces el nuevo "libre albedrío" que por "libre elección" se ve compelido hacia la salvación de los elegidos. El erudito Gilles Quispel explica este concepto gnóstico valentiniano: que los escogidos ("aquellos predestinados a no caer en la necedad") están apartados de la mayor parte de la humanidad que sí tiene una naturaleza maldita y malvada (*Treat. Res.*46).[23] "Todas las obra están predestinadas. La disciplina y la abstinencia no consiguen nada. Y los escogidos son salvos por medio del conocimiento de que son salvos."[24]

Los ὑλικοί (las personas de materia terrenal), por el contrario, están irremediablemente condenados desde que nacen.[25] Cuando los gnósticos aseveraron que Faraón tenía una naturaleza arruinada incapaz de ser salva, Orígenes reaccionó con su famosa refutación (*Principio* 3.1.8), defendiendo la libre elección ante este concepto gnóstico de la Predeterminación Divina Unilateral de los Destinos Eternos de los Individuos (PDUDEI). La Biblioteca de Nag Hammadi contiene varios textos gnósticos que describen dicho *mandato* divino de salvación, o de la prerrogativa exclusiva que tiene Dios de salvar solo a algunos. Este es un requisito de la PDUDEI.

> Solo a Dios le atañe el salvar a quien quiere. Le toca al hombre que ama a Dios suplicarle a Dios que salve a todos. (*Sentencias de Sexto* [Pitágoras], 373–374)

---

[23] Gilles Quispel. "The Original Doctrine of Valentine," *VC* 1 (1947): 43–73.

[24] Mark Edwards, *Culture and Philosophy in the Age of Plotinus* (London: Duckworth, 2006), 152.

[25] King duda de la credibilidad de Ireneo; Karen King, *What is Gnosticism?* (Cambridge: Belknap Press of Harvard University Press, 2003), 205; pero véase Wilson, *Cómo Agustín se convirtió*, 13–15.

Cuando el dios gnóstico da (obliga o fuerza) lo que manda, entonces puede mandar cualquier cosa que quiera (los humanos obedecerán sin falta).

> Preséntanos un mandamiento para que te podamos ver, para que podamos ser salvos. ¡Conocimiento de ti, esta es la salvación de todos nosotros! ¡Danos un mandamiento! Cuando tú nos mandas, hemos sido salvados. (*Las tres estelas de Set,* 125; cf. *La enseñanza de Silvano,* 114-115).[26]

"Solo porque el Dios supremo, en un momento determinado en Su infinita misericordia e inescrutable voluntad, decide volverse hacia aquel candidato a gnóstico, solo entonces puede este verdaderamente convertirse."[27] El dios gnóstico tiene que regenerar a una persona antes de que esa persona sea capaz creer. Otra característica del gnosticismo: enseña simultáneamente tanto el "libre albedrío" como la "gracia forzada". Desgraciadamente, solo se les da a los elegidos un "libre albedrío" curado para poder aceptar esta salvación ofrecida a "todos" (pero ofrecida de manera desigual, cf. Hipólito, *Haer.*5.14.1).

Los filósofos, fueran judíos, cristianos o paganos, todos denunciaban con unanimidad el concepto gnóstico de la Predeterminación Divina Unilateral de los Destinos Eternos de los Individuos (PDUDEI) porque esta filosofía les robaba a los humanos su libertad de escoger, su autodeterminación y eliminaba la oportunidad universal de salvación.[28] Ireneo de Lyon (*ca.*180) argumentó en contra del determinismo gnóstico,

---

[26] Nótese el parecido entre esta frase del escrito gnóstico *Las tres estelas de Set* y la famosa frase de Agustín en sus *Confesiones* 10.31 al que reaccionó Pelagio diciendo que no era un concepto cristiano: "Oh Señor, ordena lo que sea tu voluntad, y da lo que ordenas."

[27] Giovanni Filoramo, "The Transformation of the Inner Self in Gnostic and Hermetic Texts," en Jan Assmann y Guy G Stroumsa, eds. *Transformations of the Inner Self in Ancient Religions* (Leiden: Brill, 1999), 139.

[28] Dihle (1982), 152.

comparándolo con el determinismo estoico (*Adv. Haer.1.6.2; 2.29.1–31; 2.14.4*).[29] Clemente de Alejandría refutó a los seguidores de Basilides el gnóstico, que afirmaban que la fe en sí misma era un don de Dios, y que algunas personas eran incapaces de creer porque no habían recibido ese don de fe "natural" (*Strom.*2.3–4). Clemente afirmaba que los gnósticos usaban las Escrituras (como Romanos 11) para probar sus filosofías deterministas (*Exc. Theod.* 56.3–27).[30] Chadwick fue historiador por excelencia de la iglesia. Así es como resumió la reacción de la cristiandad en sus primeros siglos hacia el gnosticismo:

> Pues al rechazar el camino gnóstico, por ende, los cristianos rechazaron como adulterada y corrupta y no auténtica cualquier teología de revelación pura que enseñara que la salvación hubiera llegado a ser mediante la predestinación arbitraria de los escogidos y la depravación total de los perdidos, y que no posee criterio alguno de juicio racional.[31]

D. Maniqueísmo

El tercer factor determinista que influenció sobre Agustín fue el maniqueísmo. Esta filosofía evolucionó como hijo predilecto del gnosticismo. El maniqueísmo también era dualista. O sea, el cuerpo físico es malo y el espíritu es bueno. El dar a luz a un hijo es pecado. Este dios bueno (el que no había creado la materia física) había

---

[29] Jens Holzhausen, "Valentinus and Valentinians," en Wouter Hanegraaff, ed. *Dictionary of Gnosis and Western Esotericism,* vol.2 (Leiden: Brill, 2005), 1150–1154; cf. Origen's *Comm. Ev. Jo.*, fr.46 (John 8:44a).

[30] Jeffrey Bingham, "Irenaeus Reads Romans 8: Resurrection and Renovation," en Kathy Gaca y Laurence Welborn, eds. *Early Patristic Readings of Romans* en Romans Through History and Culture Series (London: T & T Clark, 2005), 124.

[31] Henry Chadwick, *Early Christian Thought and the Classical Tradition* (Oxford: Clarendon Press, 1966), 9.

predeterminado unilateralmente a las personas antes de que nacieran. Estas personas serían de los escogidos o de los condenados, independientemente de la elección humana. Una vez más, esto es la Predeterminación Divina Unilateral de los Destinos Eternos de los Individuos (PDUDEI). En el maniqueísmo, la "voluntad esclava" no puede escoger. Está condenada hasta que sea liberada unilateralmente por la "reconciliación con Dios por medio de Cristo"[32]

La filosofía maniquea enseña que el Hombre Primitivo (el primer humano) utilizó su libre albedrío para abandonar su posición en el reino de la luz y bajó a la materia y a la oscuridad. Entonces le fue imposible escapar. La doctrina maniquea de los orígenes cósmicos se basa muchísimo en la lujuria sexual entre los dioses/arcontes (gobernantes). Esto se ha denominado "la seducción de los arcontes."[33] Mani ideó el maniqueísmo para que fuera una religión sincretista (que fusiona o combina) para toda persona en todo el mundo. Combinó el judaísmo con el budismo, y luego agregó el cristianismo. Sus ideas sobre el sexo surgieron de su secta elcasaita que prohibía las relaciones sexuales incluso dentro del matrimonio. El acto sexual en si era malo. Incluso el deseo innato del ser humano de tener relaciones sexuales (concupiscencia) era pecado. Mani creía que la pasión sexual durante el coito humano transmite el principio mismo del pecado a los niños.[34]

---

[32] Caroline Hammond Bammel, Manichaeism, en *Der Römerbrieftext des Rufin und seine Origenes-Übersetzung*, AGLB 10. (Freiburg im Breisgau: Herder, 1985), 7.

[33] Johannes van Oort, Manichaeism, en Wouter Hanegraaf, ed. *Dictionary of Gnosis and Western Esotericism*, vol.2 (Leiden: Brill, 2005), 757–765.

[34] Johannes van Oort, "Augustine and Mani on concupiscentia sexualis," en J. den Boeft y J. van Oort, eds. *Augustinina Traiectina. Communications présentées au Colloque International d'Utrecht*, Paris: Études augustiniennes,

Mani también tomó prestado el concepto de que la humanidad es totalmente incapaz de responder a Dios, de *Maitrāyana Upanishad IV*, del antiguo indo-mesopotámico. Esta obra describe a los humanos como despojados de libertad, encarcelados, drogados por imaginaciones engañosas y en la oscuridad más profunda. "Él despierta a Adán del sueño de la muerte, le sacude, abre sus ojos, le levanta, echa sus demonios para liberarle de la posesión demoníaca, le muestra toda materia [física] encarcelada y toda alma de luz que sufre".[35]

El Redentor ordena (el despertar del sueño de la borrachera) y luego da lo que ordena al otorgar gracia (para poder contemplar la deidad): "El Redentor, el justo Zoroastro, habló así con su alma: 'Profunda es la embriaguez en la que duermes, ¡Despierta y contémplame! Gracia sobre ti desde el mundo de paz, desde donde por ti soy enviado.'" (*M.*7.82–118, *Mir. M. III,* p.27). El maniqueísmo, al igual que el neoplatonismo y el gnosticismo, requiere que el ser divino unilateralmente despierte un "alma muerta". Solo entonces puede responder al ser divino.

El maniqueísmo, al igual que Plotino, también enseñaba que se había perdido el libre albedrío por completo después de la caída de la humanidad. Utilizando esta depravación total como punto de partida, la filosofía maniquea enfatiza la gracia de Cristo en la salvación. Y este es

---

1987), 137–152; van Oort, "Augustine on sexual concupiscence and original sin," (Agustín en cuanto a la concupiscencia sexual y el pecado original) *StPatr* 22 (1989): 382–386.

[35] Geo Widengren, *Der Manichäismus* (Darmstadt: Wissenschaftliche Buchgesellschaft, Abt.,1977), 63–65; Mi traducción de su "Alle diese Bilder kehren im Manichäismus wieder, 'Erweckt er Adam vom Schlafe des Todes, schüttelt ihn, öffnet seine Augen, richtet ihn auf, befreit ihn durch Exorzismus von den Dämonen, von denen er besessen ist, zeigt ihm die in der ganzen Materie gefangene und leidende Lichtseele.' "

un tema dominante en muchas de las oraciones e himnología de los maniqueos. Por ejemplo, una oración maniquea le pide once veces a Jesús: "Ven con gracia" (*M.2.28*).[36] Un erudito acertadamente resumió la reacción del filósofo Alejandro de Licópolis a 'la gracia' maniquea: "Alejandro está aturdido viendo cómo la filosofía maniquea limita el camino hacia la salvación para que sea solamente para los escogidos. En su mente esto contradice directamente la idea de una Providencia, que por definición cuidaría a todos por igual."[37]

El teólogo Christopher Hall señala: "Los maniqueos se adaptaban a las religiones de su entorno. En el oriente se parecían a los budistas y en el occidente se parecían a una secta cristiana".[38] Agustín fue maniqueo durante diez años, participando como "oyente".[39] Como descubriremos, muchas de sus doctrinas posteriores tienen su origen en esta filosofía intencionadamente sincretista.

---

[36] Widengren (1977), 90. "Dann folgt das Hauptstück, das in einem Gebet um die Epihanie besteht: Komm mit Heil!" cf. Traducción al inglés, *Mani and Manichaeism* (1965), 86–88.

[37] Gedaliahu Stroumsa, "Titus of Bostra and Alexander of Lycopolis: A Christian and a Platonic Refutation of Manichaean Dualism," en Richard T. Wallis, ed. *Neoplatonism and Gnosticism* (New York, NY: State University of New York Press, 1992), 344.

[38] Christopher Hall, *Learning Theology with the Church Fathers* (Downers Grove, IL: InterVarsity Press, 2002), 195.

[39] Henry Chadwick, *Augustine: A Very Short Introduction* (Oxford: Oxford University Press, 1986), 14. Un oyente era un discípulo que intentaba llegar a ser uno de los elegidos. Chadwick demostró que no fueron los nueve años comúnmente aceptados, sino que Agustín fue un maniqueo durante diez años.

E. Conclusión

Parecería ser que la idea estoica acerca de la Providencia llegó a infundir ideas similares en el neoplatonismo, el gnosticismo, el maniqueísmo y entre los judíos en Qumrán. Y estas ideas entraron a través del concepto de una providencia meticulosa unilateral divina (Predeterminación Divina Unilateral de los Destinos Eternos de los Individuos).[40] Todos estos:

1.) requieren una micro-gestión divina que causa incluso los detalles más pequeños que ocurren dentro del orden cósmico (esto se llama soberanía específica en nuestra terminología moderna),

2.) sustituyen el residuo del *imago Dei* del pensamiento judío y cristiano por la idea que los seres humanos son como gusanos sin valor, que no merecen ni la atención ni los cuidados de Dios como Creador,

3.) enseñan que el 'libre albedrío' de la humanidad (específicamente la capacidad de escoger el bien) fue destruido o murió, haciendo imposible que una persona siquiera solicite la asistencia divina,

4.) enseñan que Dios es el que tiene que resucitar las "voluntades/personas muertas" mediante una infusión unilateral de gracia, fe y/o amor,

5.) concluyen como cierto (como resultado de los anteriores supuestos) que la Providencia micro-gestora debe utilizar la Predeterminación Divina Unilateral de los Destinos Eternos de los Individuos al escoger a los escogidos y a los condenados.

Agustín de Hipona se había formado en el estoicismo, y siguió abrazando esa ideología aún después de convertirse en cristiano. Él mismo dice que se convirtió al cristianismo gracias a la filosofía del

---

[40] Para más información sobre el determinismo de Qumran, véase Wilson, *Cómo Agustín se convirtió*, 23–28.

neoplatonismo.[41] Agustín pasó diez años de su juventud en la secta maniquea. Antes del año 412 EC, había enseñado la postura tradicional cristiana de la soberanía general con libertad de escoger, pero a partir del año 412 EC, Agustín volvió al determinismo estoico/neoplatónico/gnóstico-maniqueo. En el próximo capítulo veremos que, en las luchas que entablaron contra estas filosofías paganas caracterizadas por su determinismo rígido, ningún autor cristiano conocido antes de Agustín enseñaba otra cosa que no fuera una verdadera libertad de elección.[42]

---

[41] *Conf.* 7:9–16.

[42] Si busca un sobrevuelo general de las diversas perspectivas de los judíos en la antigüedad, ver Wilson, *Cómo Agustín se convirtió*, 19–32.

Capítulo 2
Los primeros autores cristianos 95–400 EC

Con total unanimidad, los primeros autores cristianos enseñaban una eterna predeterminación divina basada en una *relación*. La base que usó Dios para escoger para salvación fue su presciencia de la fe de cada persona (predestinación). Estos cristianos se opusieron vigorosamente al determinismo *unilateral* de la Providencia estoica, gnóstica y maniquea.[1] O sea, los primeros cristianos sí enseñaban la predestinación,[2] pero refutaban la Predeterminación Divina Unilateral de los Destinos Eternos de los Individuos (el determinismo unilateral). Se puede identificar dicho determinismo unilateral en la antigua religión iraní, luego cronológicamente en los qumranitas, en el gnosticismo, en el neoplatonismo y en el maniqueísmo. El cristianismo de aquel tiempo

---

[1] Sarah Stroumsa y Guy. G. Stroumsa, "Anti-Manichaean Polemics in Late Antiquity and under Early Islam," *HTR* 81 (1988): 48.

[2] Wallace se equivoca cuando dice, "A pesar de las numerosas referencias en el Nuevo Testamento a la predestinación, los escritores patrísticos antes de Agustín de Hipona, especialmente los padres griegos, tenían una tendencia a ignorar el tema. Esto probablemente resultó en parte de la lucha de la iglesia con el determinismo fatalista de los gnósticos"; Dewey Wallace, Jr. "Free Will and Predestination: An Overview," en Lindsay Jones, ed. *The Encyclopedia of Religion*. 2nd edn., vol.5. (Farmington Hills, MI: Macmillan Reference USA, 2005), 3203. Obviamente no había leído a Ireneo y otros primeros autores. Para una refutación convincente de esta afirmación absurda, véase en el mismo volumen C.T. McIntire (2005), "Free Will and Predestination: Christian Concepts," vol.5, 3207.

condenó a los herejes "cristianos" como Basilides, que enseñaba que Dios otorgaba unilateralmente el don de la fe solamente a ciertas personas (y no les daba ese don salvífico a otros). He estudiado ochenta y cuatro autores pre-agustinos que vivieron entre 95-430 EC, y he encontrado que más de cincuenta de ellos abordaron este tema. Todos estos primeros autores cristianos defendieron la enseñanza tradicional de la libre elección y la predestinación por relación contra la enseñanza pagana y herética de la Predeterminación Divina Unilateral de los Destinos Eternos de los Individuos.[3]

Solo se puede entender y apreciar esta distinción cuando uno lee exhaustivamente la gran cantidad de obras de estos autores. Ciertas personas afirman con tono triunfal que los primeros escritores cristianos creían las mismas interpretaciones deterministas que hay en los escritos de Agustín, *pero no* han leído todo el contexto ni comprenden la forma en que se usaban las palabras.[4] No conozco a ningún erudito en patrística (el estudio de los padres de la iglesia) que quisiera o pudiera afirmar que tan solo un autor cristiano anterior a Agustín enseñara la Predeterminación Divina Unilateral de los Destinos Eternos de los Individuos (PDUDEI, es decir, un determinismo ajeno a ninguna relación, y sin relación alguna con una presciencia de aquello que escogerá el ser humano.

A. Los padres apostólicos y los apologetas 95–180 EC

La mayoría de estas obras no aborda directamente ni la soberanía de Dios ni el libre albedrío.[5] La *Epístola de Bernabé* (100–120 EC) reconoce que

---

[3] Wilson, *Cómo Agustín se convirtió*, Apéndice III, 307–309.

[4] Wilson, *Cómo Agustín se convirtió*, 41–94, y ver otros comentarios en dicha obra que muestran cómo ocurre esto.

existe la corrupción de la naturaleza humana (*Bern.*16.7) pero solamente da lugar para la muerte física (no la espiritual) como resultado de la caída de Adán. Los pecados de cada persona causan un corazón impío. (*Bern.*12.5). Los judíos pudieron tomar decisiones y permanecieron dentro del plan de Dios en base a la presciencia divina de las decisiones humanas, lo cual resultó en su propia autodeterminación. (*Bern.*3.6). La justicia de Dios está conectada con la responsabilidad humana (*Bern.*5.4). Por lo tanto, la presciencia de Dios en cuanto a lo que escogen los seres humanos también debería afectar las acciones de Dios en cuanto a la salvación.

En *La Epístola de Diogneto* (120–170 EC) Dios no compele a nadie. En vez de imponer su voluntad, Dios conoce de antemano lo que se escoge y en base a esto escoge su respuesta al ser humano. En cuanto a *Diogn.*10.1–11.8, Meecham escribe, "Se toma por sentado la existencia del libre albedrío del ser humano en su capacidad de llegar a ser un 'nuevo hombre' (ii,I), y en la actitud de Dios de apelar en vez de compeler (vii, 4)."[6] Aristides (*ca.*125–170 EC) enseñaba que los recién nacidos entran a este mundo sin pecado ni culpa: el castigo solo viene por el pecado de cada persona.[7]

---

[5] Para ahondar en *El Pastor de Hermas* y otras obras no tratadas aquí, véase, *Cómo Agustín se convirtió*, 41–50.

[6] Henry Meecham, *The Epistle to Diognetus: The Greek Text* (Manchester: Manchester University Press, 1949), 29–30.

[7] Harold Forshey, "The doctrine of the fall and original sin in the second century," *Restoration Quarterly* 3 (1959): 1122, "Pero en este caso aflora claramente la presuposición doctrinal: Un niño viene al mundo con una *tabula rasa.*"

I. Justo Mártir y Taciano

Justo Mártir es el primer autor que escribe específicamente sobre la soberanía divina y el libre albedrío humano (*ca.*155 EC). Erwin Goodenough explica:

> En todas partes Justo se muestra positivo al aseverar que los resultados de la lucha se deben imputar, y con toda razón, a la culpabilidad de cada individuo. Con indignación rechaza el determinismo estoico. Si el ser humano no fuera personalmente responsable de su propia conducta ética, toda la estructura ética del universo se colapsaría y con ella la misma existencia de Dios mismo.[8]

Comentando sobre *Dial.*140.4 y 141.2, Barnard concuerda, diciendo que Dios "lo conoce todo de antemano, no porque los eventos sean necesarios, ni porque él haya decretado que los hombres actúen como actúan o sean como son, sino que como ve todos los eventos de antemano, él recompensa o castiga en consecuencia."[9] Después de considerar *1 Apol.*28 y 43, Chadwick también concuerda. "Justo insiste tanto y tantas veces que la libertad y la responsabilidad son un regalo de Dios al hombre, además de su crítica del fatalismo estoico y de todo relativismo moral, se podría entonces aseverar con seguridad que Justo consideraba que este era un punto destacadamente cristiano que requería un énfasis especial."[10] Barnard escribió con el mismo sentir: "Justo, aunque erró en su comprensión de la naturaleza corporativa del pecado, no era pelagiano creyendo ciegamente en el poder innato del hombre de elevarse a sí mismo. Todo, dijo él, se debe a la Encarnación del Hijo de Dios.[11]

---

[8] Erwin Goodenough, *The Theology of Justin Martyr* (Jena: Verlag Frommannsche Buchhandlung, 1923), 219.

[9] Leslie Barnard, *Justin Martyr: His Life and Thought* (Cambridge: Cambridge University Press, 1967), 78.

[10] Henry Chadwick, "Justin Martyr's Defence of Christianity," *Bulletin of the John Rylands Library* 47.2 (1965): 284; cf., 291–292.

Taciano (*ca.*165) enseñaba que toda persona tiene a su disposición la libertad para escoger el bien. "Como todos los hombres tienen libre albedrío, todos los hombres, por lo tanto, tienen el potencial de volverse a Dios para conseguir la salvación."[12] Esto sigue siendo cierto incluso a pesar de que la caída de Adán esclavizara a los humanos al pecado (*Or.*11.2). La caída se invierte cuando se escoge personalmente recibir el regalo de Dios en Cristo. (*Or.*15.4). La libertad de elección es el criterio que Dios utiliza tanto para ángeles como para humanos al darles galardones y castigos (*Or.*7.1–2).

II. Teófilo, Atenágoras y Melitón

Según Teófilo (*ca.*180), toda la creación pecó en Adán y recibió el castigo de la degradación física, no la muerte eterna ni la incapacidad total (*Autol.*2.17). Después de una larga explicación sobre el estado original en el Edén y la posterior caída de Adán, Teófilo insiste en una respuesta de libre elección hacia Dios (*Autol.*2.27). El bondadoso Dios del cristianismo provee incluso para Adán en su estado caído, la oportunidad de arrepentimiento y confesión (*Autol.*2.26). Teófilo exhorta a que los cristianos venzan el pecado por el residuo de libertad de elección que tienen (*Autol.*1.2, 1.7).

Atenágoras (*ca.*170 EC) creía que los niños son inocentes y que por lo tanto no podían estar sujetos a juicio, y los utilizó como prueba para demostrar la resurrección del cuerpo antes del juicio (*De resurr.*14). Para que el castigo de Dios sea justo, la libre elección es de suma importancia. ¿Por qué? Porque Dios creó tanto a los ángeles como a las personas con libre elección con el propósito de que asumieran la responsabilidad de

---

[11] Barnard (1967), 156.

[12] Emily Hunt, *Christianity in the Second Century: The Case of Tatian* (New York, NY: Routledge, 2003), 49.

sus propias acciones. (*De resurr.*24.4–5)[13] Los humanos y los ángeles pueden vivir de manera virtuosa o cruel: "Esto, dice Atenágoras, es cuestión de libre elección, un libre albedrío dado por el creador a la criatura".[14] Si no hubiera libre elección, sería injusto castigar o recompensar a humanos y ángeles.

Es posible que Melitón (*ca.*175 EC) en su obra *Peri Pascha* 326–388, superara a todo autor cristiano que conozcamos con su extensa descripción de la caída de Adán.[15] La erudita Lynn Cohick explica: "El homilista no deja ninguna duda en la mente del lector de que los humanos, ya degenerados del prístino estado que había en el jardín del Edén donde eran moralmente inocentes, han alcanzado un nivel de absoluta y total perversión".[16] A pesar de esta profunda depravación, toda persona sigue siendo capaz de creer en Cristo por su propia libre elección dada por Dios. No se necesita una gracia especial. Existe una relación de causa y efecto entre la libre elección humana y la respuesta de Dios.

---

[13] Bernard Pouderon, *Athénagore d'Athènes, philosophie chrétien* (Paris: Beauchesne, 1989), 177–178. Pouderon resaltó este requisito para la ley de Dios y Su justicia: "La liberté humaine se tire de la notion de responsabilité: 'L'homme est responsable (ὑπόδικος) en tant qu'ensemble, de toutes ses actions' (*D.R.*XVIII, 4)." "La libertad humana surge del concepto de la responsabilidad: 'El hombre en términos generales es responsable (ὑπόδικος) de todas sus acciones.'" (traducción mía)

[14] David Rankin, *Athenagoras: Philosopher and Theologian*. Surrey: Ashgate, 2009), 180.

[15] Stuart Hall, *Melito of Sardis: On Pascha and Fragments* in Henry Chadwick, ed. Oxford Early Christian Texts (Oxford: Oxford University Press, 1978), xvi, donde *The Petition To Antonius* "actualmente se considera universalmente como no auténtico."

[16] Lynn Cohick, *The Peri Pascha Attributed to Melito of Sardis: Setting, Purpose, and Sources* (Providence, RI: Brown Judaic Studies, 2000), 115.

(*P.P.*739–744). "No hay indicios de que la pecaminosidad se comunique a la progenie de Adán como en la enseñanza agustina posterior".[17]

B. Los autores cristianos 180–250 EC

I. Ireneo de Lyons

En su famosa obra *Adversus Haereses,* Ireneo de Lyons (*ca.*185) escribió principalmente contra la salvación determinista gnóstica. "Una postura fundamental para Ireneo es que el hombre debe llegar al bien moral por la acción de su propia voluntad moral, y no espontáneamente y por naturaleza".[18] Para la raza humana la muerte física causada por el pecado de Adán no fue tanto un castigo sino un regalo generoso de Dios. Dios le dio la muerte para evitar que los humanos vivieran eternamente en un estado perpetuo de lucha con el pecado. (*Adv. haer.*3.35.2).

Ireneo defendió el libre albedrío de la humanidad por cuatro razones: (1) para refutar la idea gnóstica de la Predeterminación Unilateral Divina de los Destinos Eternos de los Individuos, (2) porque el *imago Dei* que todavía persiste en la humanidad (la imagen de Dios dentro de los humanos) exige que también persista un libre albedrío, (3) los mandamientos bíblicos requieren un libre albedrío para que tengan legitimidad, y (4) la justicia de Dios queda impugnada si no existe el libre albedrío (genuino, no un "libre albedrío no libre" estoico). Estas eran "doctrinas apostólicas" innegociables. Los eruditos Wingren y Donovan muestran que Ireneo concebía el *imago Dei* como la libertad de elección misma. Como relata Donovan: "Esta poderosa afirmación de la libertad humana es a la misma vez un claro rechazo de la noción gnóstica

---

[17] Hall (1978), xlii.

[18] John Lawson, *The Biblical Theology of Saint Irenaeus* (London: The Epworth Press, 1948), 203.

de naturalezas predeterminadas".[19]

Andia aclaró que la justicia de Dios requiere la libertad de elegir ya que Ireneo creía que la providencia de Dios había creado a todas las personas por igual.[20] Al refutar el determinismo gnóstico (Predeterminación Divina Unilateral de los Destinos Eternos de los Individuos), Ireneo argumenta que Dios determina los destinos eternos de las personas por la presciencia de lo que las personas van a escoger libremente. (*Adv. haer.*2.29.1; 4.37.2–5; 4.29.1–2; 3.12.2,5,11; 3.32.1; 4.14, 4.34.1, 4.61.2). Ireneo atacó las herejías tanto estoicas como gnósticas porque la PDUDEI hacía innecesaria la salvación por la fe, y hacía innecesaria la encarnación de Cristo.[21] Ireneo enseñaba la predestinación de Dios. Esta predestinación se basa en la presciencia de Dios de las elecciones humanas, sin que Dios constriña la voluntad humana así como lo hacía el determinismo gnóstico.[22]

Ireneo negaba que pudiera ocurrir evento alguno que estuviera fuera de la soberanía de Dios (*Adv. Haer.*2.5.4), pero simultáneamente enfatizaba

---

[19] Gustaf Wingren, *Man and the Incarnation*, trad. por Ross Mackenzie (Lund: C.W.K. Gleerup, 1947; repr., London: Oliver and Boyd, 1959), 36; Mary Ann Donovan, "Alive to the Glory of God: A Key Insight in St. Irenaeus," *TS* 49 (1988): 291 citando *Adv. haer.*4.37.

[20] Ysabel de Andia, *Homo vivens: incorruptibilité et divinisation de l'homme selon Irénée de Lyon* (Paris: Études Augustiniennes, 1986), 131.

[21] E.P. Meijering, "Irenaeus' relation to philosophy in the light of his concept of free will," en E.P. Meijering, ed. *God Being History: Studies in Patristic Philosophy* (Amsterdam: North Holland Publishing, 1975), 23.

[22] James Beaven, *An Account of the Life and Times of S. Irenaeus* (London: Gilbert and Rivington, 1841), 165–166; F. Montgomery Hitchcock, *Irenaeus of Lugdunum: A Study of His Teaching* (Cambridge: Cambridge University Press, 1914), 260; Wingren (1947; repr., 1959), 35–36.

que el ser humano tenía la libertad residual de escoger y recibir el regalo de Dios, que solo entonces lleva a la regeneración. "El principio esencial en el concepto de libertad aparece primero en la posición de Cristo como el Señor soberano, porque para Ireneo la libertad del hombre es, curiosamente, una expresión directa de la omnipotencia de Dios. De hecho, es una expresión tan directa de su omnipotencia, que una disminución de la libertad del hombre automáticamente implica un disminución de la omnipotencia de Dios".[23] Aunque Ireneo exaltaba la soberanía de Dios, no la definía como que Dios recibe todo lo que desea (una postura errónea).[24] El erudito Denis Minns afirma correctamente: "Ireneo insistiría con la misma fuerza que Agustín, que no se puede lograr nada sin la gracia de Dios. Pero se habría horrorizado ante la idea de que Dios pudiera ofrecer gracia a algunos y no darla a otros".[25]

II. Clemente de Alejandría y Tertuliano

Clemente de Alejandría (*ca.*190) defiende poderosamente una libre elección humana residual después de Adán (*Strom.*1.1; cf. 4.24, 5.14). La presciencia divina determina la elección divina (*Strom.*1.18; 6.14). Clemente entendió que Dios llama a *todos* (πάντων τοίνυν ἀνθρώπων), a cada ser humano, no a algunos de cada tipo de humano, mientras que "los llamados" son los que responden. Él creía que si Dios hiciera uso de la Predeterminación Divina Unilateral de los Destinos Eternos de los Individuos (como creían los marcionitas y los gnósticos), entonces Dios ya no sería el Dios cristiano justo y bueno, sino el Dios herético de

---

[23] Wingren (1947; repr., 1959), 35–36.

[24] Esto se explica más adelante al exponer la postura de la soberanía específica, que Agustín desarrolló en su fase posterior.

[25] Denis Minns, *Irenaeus* (Washington, DC: Georgetown University Press, 1994), 136.

Marción (*Strom.*5.1).

Clemente refutó a los seguidores del gnóstico Marción que creían que la fe inicial era un regalo de Dios. ¿Por qué? Porque le robaba a los humanos la libertad de escoger (*Strom.*2.3–4; cf. *Strom.* 4.11, *Quis dives Salvetur* 10). Sin embargo, Clemente no cree que la libertad de escoger salve a las personas como una obra humana (cf. Juan 1:13). Clemente enseña que Dios primero debe atraer y llamar a cada humano, ya que todos tienen la grandísima necesidad del poder de la gracia divina (*Strom.*5.1). Dios no inicia una atracción interior mística (es decir, neoplatónica) en cada uno de sus elegidos. Al contrario, el Padre en el pasado se había revelado y había atraído a cada ser humano a través de las Escrituras del Antiguo Testamento. Pero ahora se revela a sí mismo y atrae a toda la humanidad por igual a través de Cristo y el Nuevo Testamento (cf. Juan 12:32; *Strom.*7.1–2).[26]

Tertuliano (*ca.*205) escribió que, a pesar de que poseen una naturaleza corrupta, los humanos poseen una capacidad residual para aceptar el regalo de Dios basada en la buena imagen divina (la "naturaleza en si") que aún reside dentro de cada humano (*De anima* 22). Toda persona conserva la capacidad de creer. Tertuliano refutaba la salvación determinista discriminatoria del gnosticismo (*Val.*29). Dios sigue siendo soberano mientras permite el bien y el mal, porque sabe de antemano aquello que ocurrirá por la libre elección humana (*Cult. Fem.*2.10). Los humanos pueden y deben responder a Dios usando su innata libertad de elección, el *imago Dei* dado por Dios.

Por lo tanto, Tertuliano no daba su aprobación para que se le bautizara a un bebé "inocente". Decía que primero debía escuchar y creer el

[26] Nuestros comentarios modernos sobre este evangelio rara vez hacen la conección de que Dios atrae a través de las Escrituras y de Cristo (Juan 6:44–45; 5.38–47; 8.19, 31, 47; 12.32). Cf. 1 P 2.2.

evangelio, respondiendo personalmente al don de la gracia de Dios (*De baptismo* 18). Él creía que los niños debían esperar para bautizarse hasta que tuvieran la edad suficiente para creer personalmente en Cristo.

III. Orígenes de Alejandría

Orígenes (*ca.*185–254) presenta argumentos bíblicos a favor de la libertad de elección que llenan el tercer libro de *De principiis* (*P. Arch.*3.1.6). "Esto también es definitivo en la enseñanza de la Iglesia, cada alma racional posee libre albedrío y volición" que puede escoger el bien (*Princ.*, Pref.5). Dios no coacciona a los humanos ni influye directamente en los individuos, sino al contrario, solo les invita. ¿Por qué? Porque Dios desea amantes dispuestos. Así como Pablo le pidió a Filemón que voluntariamente (κατὰ ἑκούσιον) actuara en bondad (Flm 1.14), Dios desea amantes no coaccionados (*Hom.* Jer.20.2). Orígenes explica cómo Dios endurece el corazón de Faraón. Dios envía señales/eventos divinos que Faraón rechaza, y endurece su propio corazón. El endurecimiento de Dios es indirecto. "Ahora estos pasajes son suficientes por sí mismos para molestar a la multitud, como si el hombre no poseyera libre albedrío, sino como si fuera Dios el que salvara y destruyera a quien quiere" (*Principio* 3.1.7). Orígenes distingue entre las bendiciones temporales de Dios y los destinos eternos en Romanos 9-11, rechazando la postura gnóstica de la salvación eterna en cuanto a estos capítulos.

La fe inicial es la fe humana, no un regalo divino. "Los apóstoles, una vez que entienden que la fe, que es solo humana, no se puede perfeccionar a menos que se le agregue aquello que proviene de Dios, le dicen al Salvador: 'Aumenta nuestra fe'" (*Com.Rom.*4.5.3). Dios desea dar la herencia de las promesas, no como una deuda pendiente de pago sino por gracia. Orígenes dice que la herencia que proviene de Dios se otorga a aquellos que creen, no como deuda de un salario sino como regalo de fe [humana] (*Com. Rom.* 4.5.1).[27]

La elección se basa en la presciencia divina. "Porque el Creador hace vasos de honra y vasos de deshonra, no desde el principio según su presciencia, ya que no condena de antemano ni justifica de antemano por su presciencia, sino que (Él hace) vasos de honra a aquellos que se purgaron a sí mismos, y vasos de deshonra a aquellos que se dejaron quedar sin purgar" (*P.Arch.*3.1.21). Orígenes no refuta la presciencia divina que resulta en elección, sino que refuta la postura filosófica de la presciencia como necesariamente causal, que enseñaba Celso:

> Celso imagina que un evento, predicho por medio de la presciencia, ocurre porque fue predicho; pero nosotros esto no lo aceptamos, sino que mantenemos que el que lo predijo no fue la causa de que sucediera, puesto que Él predijo que sucedería; pero el evento futuro en sí, que hubiera ocurrido aunque no se hubiera predicho, le brindó la oportunidad a él, que estaba dotado de presciencia, de predecir que ocurriría (*C.Cels.*2.20).

Orígenes explica la interpretación cristiana de Ro 9:16.[28] Las interpretaciones gnósticas y deterministas hacen que las palabras de Dios sean superfluas, e invalidan las recriminaciones y las aprobaciones de Pablo hacia los cristianos. Sin embargo, el deseo humano (o la voluntad humana) es *insuficiente* para lograr la salvación, por lo que los cristianos deben confiar en la gracia de Dios (*P. Arch.*3.1.18). Orígenes no minimiza el principio de pecado que es innato en el ser humano, que incita a las personas a pecar. Al contrario, castiga a los cristianos inmaduros que echan la culpan de sus pecados al diablo en lugar de sus propias pasiones (*Princ.*3.2.1–2; *P. Arch.*3.1.15)

---

[27] Esto sirve como excelente ejemplo de un pasaje sacado de su contexto, por el cual algunas personas intentan erróneamente demostrar que un padre de la iglesia en sus inicios enseñara que la fe es un don de Dios.

[28] Ro. 9:16, "Así que no *depende* del que quiere ni del que corre, sino de Dios que tiene misericordia."

IV. Cipriano y Novaciano

Cipriano (f.254 EC) enseñaba que Dios es soberano (*Tratado* 3.19; 5.56.8; 12.80). Sin embargo, Dios recompensa o castiga basándose en su presciencia de las elecciones y respuestas humanas (*Trat* 7.77, 19; *Ep*.59.2). Los humanos conservan la libertad de escoger a pesar del pecado de Adán (*Trat* 7.77, 19).[29] "Que la libertad de creer o no creer queda a cargo de la libertad de elección" (*Trat* 12.52). Jesús utilizó la persuasión, no la necesidad (*Trat* 9.6). La obediencia que resulta en martirio debe surgir de la libre elección, no de la necesidad (*Trat* 7.18), ya que al imitar a Cristo (especialmente así) se restaura la semejanza de Dios.

Novaciano (*ca*.250 EC) enseña que una persona es responsable personalmente por su pecado, en lugar de enseñar una culpa que proviene de Adán, puesto que una persona pre-determinada debido (incluso) a su naturaleza (caída) no puede ser considerada responsable. Solo una decisión plenamente voluntaria puede incurrir culpabilidad (*De cib. Jud*.3).

C. Los autores cristianos 250–400 EC

I. Lactancio y Hilario de Poitiers

Lactancio (*ca*.315 EC) enseñaba que la caída de Adán produjo solo la muerte física (no la muerte eterna) por la pérdida de la inmortalidad perpetua que Dios le había regalado (Inst. 2.13), tal y como Williams resalta correctamente.[30] Sin embargo, la mortalidad en un cuerpo humano

---

[29] Si desea leer una refutación de que Cipriano enseñara la enseñanza agustiniana de la culpabilidad heredada para condenación, véase Wilson, *Cómo Agustín cambió*, 77–82.

[30] Norman Williams, *The Ideas of the Fall and Original Sin* de las Bampton Lectures, Oxford University, 1924 (London: Longmans, Green and Co., 1927),

corrompido predispone a la raza humana a pecar (*Inst.* 6.13). Dios ama a cada persona por igual, ofrece la inmortalidad por igual a cada persona, y cada humano es capaz de responder a la oferta de Dios, sin intervención divina (*Div.inst.*5.15) "Dios, quien es el guía de aquel camino, no le niega la inmortalidad a ningún ser humano" sino que ofrece la salvación por igual a todas las personas (*Div.inst.*6.3). La humanidad debe lidiar con su propensión a pecar, pero la naturaleza corrupta no proporciona excusa alguna ya que la libre elección persiste (*Inst.* 2.15; 4.24; 4.25; 5.1). En todos sus escritos Novaciano enseña el libre albedrío cristiano (*Inst.*5.10, 13, 14).

Hilario (f.368 EC) dijo que Juan 1:12–13 es la oferta de salvación que Dios ofrece por igual a todos. "Aquellos que la reciban en virtud de su fe avanzan hasta ser hijos de Dios, no nacidos del abrazo de la carne ni por la concepción de la sangre ni del deseo corporal, sino de Dios [...] a todos se les ofrece el don divino. No es algo que uno tenga tatuado por herencia inevitable, sino un premio que se le entrega al que escoge voluntariamente" (*Trin.*1.10–11). La naturaleza humana tiene una propensión al mal (*Trin.*3.21; *Hom. Psa.*1.4) que está localizado en el cuerpo físico (*Hom. Psa.*1.13). La libre elección humana suscita el don divino, y sin embargo, el nacimiento divino (por medio de la fe) pertenece exclusivamente a Dios. Una 'voluntad' humana no puede crear el nacimiento (Trin.12.56) y sin embargo, ese nacimiento ocurre por medio de la fe humana.

II. Los capadocios

Gregorio de Nacianzo (*ca.*329–389 EC) escribe con frecuencia sobre la "caída de pecado" de Adán (*Or.*1; 33.9; 40.7), incluso escribe sobre la consecuencia perversa de ese pecado original (*Or.*45.12). "Fuimos

---

297.

detenidos en cadenas por el Maligno, vendidos bajo pecado y recibíamos placer a cambio de hacer maldad" (*Or.* 45.22). La salvación (no la fe) es el regalo de Dios. "Lo llamamos el Regalo, porque se nos es dado a cambio de nada por nuestra parte" (*Or.*40.4). "Esta, de hecho, era la voluntad de la Bondad Suprema: hacer que el bien fuera incluso nuestro, no solo porque hubiera sido sembrado en nuestra naturaleza, sino porque fue cultivado por nuestra propia elección, y por los movimientos de nuestro libre albedrío de actuar en cualquiera de las direcciones" (*Or.*2.17). "Nuestra alma es autodeterminada e independiente, escogiendo como quiere con soberanía sobre sí mismo aquello que le agrada" (*Ref. Conf. Eun.*139). Los niños nacen sin culpa (*Ep.*206). Dios es soberano, y Cristo murió por toda la humanidad, incluidos los "no elegidos". (*Or.*45.26; cf. *Or.*38.14). No obstante, en asuntos de salvación personal, Dios se limita a sí mismo, permitiendo que los seres humanos tengan la libertad de escoger (*Or.*32.25, 45.8).

Basilio de Cesarea (*ca.*330–379 EC) creía que los humanos no heredan pecado ni maldad, sino que escogen pecar, lo cual tiene como resultado la muerte. Nosotros controlamos nuestras propias acciones, prueba de lo cual es que Dios paga y castiga (*Hom. Hex.*2.4). Basilio promueve la soberanía de Dios sobre los destinos *temporales* (no eternos) del ser humano, incluido la hora de nuestra de muerte por "Dios que ordena nuestras suertes" (*Ep.*269), pero refuta la microgestión de la Providencia estoica (*Ep.*151). Dios infunde de poder a la fe humana para grandes obras porque el simple esfuerzo humano no puede lograr el bien divino (*Ep.*260.9). Basilio rechazaba de frente el fatalismo astrológico caldeo (*Hom. Hex.*6.5; *Ep.*236) y la Predeterminación Divina Unilateral de los Destinos Eternos de los Individuos. El hecho que habrá un juicio justo que resultará en recompensa y castigo exige una libertad de elección cristiana tradicional. Por el otro lado, cualquier concepto de mal inevitable en los humanos necesariamente destruye la esperanza cristiana (*Hom. Hex.*6.7) porque todos los humanos tienen en si un raciocinio natural innato con la capacidad de hacer el bien y evitar el mal (*Hom. Hex.*8.5; cf. *Ep.*260.7) Basilio refutó una docena de herejías, pero reservó su más fuerte denuncia para aquella que enseñaba el determinismo: "la detestable herejía maniquea" (*Hom. Hex.*2.4).

Por todos sus escritos Gregorio de Nisa (*ca.*335–395 EC) enseñaba una debilidad congénita post-adánica, inclinada al mal y en la esclavitud al pecado, pero *sin culpa* (*C. Eun.*1.1; 3.2–3; 3.8; *De opificio hom.*193; *Cat mag.*6, 35; *Ep.*18; *Ref. conf. Eun.*; *Dial. anim. et res.*, etc.). Cada persona se aleja de Dios por su propio pecado y vicio personal, no por el pecado de Adán (*C. Eun.*3.10). A pesar de que el ser humano ha heredado una tendencia hacia el mal, la imagen divina dentro de los humanos retiene bondad, tal como Tertuliano y otros habían enseñado (*Opif. Hom.*164; cf. *Ep.*3.17).[31] Tal ruina e incapacidad en la humanidad de alcanzar la vida eterna mediante sus propios esfuerzos provocó que Dios iniciara el rescate a través de Cristo (*Ref. Conf. Eun.*418-20). Pero Gregorio refuta la idea que la naturaleza humana sea tan corrupta que incapacite a una persona para que verdaderamente escoja recibir el regalo de la gracia de Dios que se ofrece abundante y generosamente a todos por igual.

Al apelar a la justicia de las recompensas de Dios, Gregorio refuta a aquellos [los maniqueos, por ejemplo] que creen que los humanos nacen llenos de pecado y, por lo tanto, culpables (*De anim.*120). A los humanos les pertenece escoger la salvación, aparte de la manipulación, coacción o intervención unilateral de Dios (*C. Eun.*3.1.116–18; cf. *Adv. Mac. spir. sancto* 105–6; *De virginitate* 12.2–3). Gregorio defiende la soberanía

---

[31] *C. Eunomium* 24 (sobre la capacidad del alma de ver a Cristo) probablemente es post-bautismal.

divina cristiana [no estoica] (*Ref. conf. Eun.* 169; cf. 126–27; *Opif. hom.*185).

III. Metodio, Teodoro, y Ambrosio

Metodio (f.312 EC) creía que todos los humanos retienen un libre albedrío genuino, incluso después de la caída de Adán, ya que la libre elección cristiana es necesaria para que Dios sea justo al recompensar a los buenos y castigar a los impíos (*Symp.*8.16; *PG* 18: 168d). Defendió la libre elección cristiana tradicional en una importante obra contra el determinismo gnóstico (*Peri tou autexousiou*, 73–77).[32] Cirilo de Jerusalén (*ca.*348–386 EC) enseñaba que los seres humanos entran a este mundo sin pecado (*Cat.*4.19) y que Dios en su presciencia conoce como responderá el ser humano y en base a esto les escoge para servicio (*Cat.*1.3).

Teodoro de Mopsuestia (*ca.*350–428 EC) defendió la doctrina del pecado original tradicional contra la doctrina maniquea de la culpa heredada que condena (*Adv. def. orig. pecc.*), de modo que, "La libertad del hombre da el primer paso, que luego es hecho efectivo por Dios . . . [con] la voluntad de cada hombre que es absolutamente libre e imparcial y capaz de escoger tanto el bien o el mal".[33] Los seres humanos retienen la capacidad de escoger el bien y el mal (*Comm. Ioh.*5.19).

[32] *Patrologia orientalis* 22:797–801. Cf. Roberta Franchi, *Metodio di Olimpo: Il libero arbitrio* (Milano: Paoline, 2015).

[33] Henry Wace, *A Dictionary of Christian Biography and Literature to the End of the Sixth Century A.D., with an Account of the Principal Sects and Heresies* (London: Murray, 1911), "Theodore, III.B.f." Este sugiere que Macario estaba equivocado cuando asumió que esta obra de Teodoro era anti-agustiniana. Defiende la libertad de elección tradicional versus la condenación eterna al heredar el pecado por medio de un nacimiento físico, lo cual es una doctrina maniquea. La cita es de Reginald Moxon, *The Doctrine of Sin* (London: George

Ambrosio de Milán (f.397 EC) bautizó a Agustín en Milán en la Semana Santa del año 387 EC. Él enseñaba la doctrina del pecado original tradicional (no agustino) (*De fide* 5.5, 8, 60; *Exc. Satyri* 2.6; cf. 1.4). Ambrosio creía que la esclavitud al pecado [la propensión al pecado] se hereda, pero que este pecado no era un pecado literal que produjera culpabilidad y condena personal (*De Abrah* 2.79). El erudito Paul Blowers señala: "Ambrosiastro (Ro 5:12ff) y Ambrosio (*Enar.in Ps.*38.29)... ambos autores concluyeron que cada individuo en última instancia es responsable solamente de sus propios pecados".[34]

Ambrosio enfatizaba que Dios predestinó a cada uno basándose en su presciencia del futuro, respecto del cual Dios es omnisciente (*Ep.*57; *De fide* 2.11, 97). Dios no obliga a nadie, sino que espera pacientemente una respuesta humana para que pueda dar gracia, prefiriendo la compasión sobre el castigo (*Paen.*1.5). Ambrosio insistía en la libertad de elección residual y considera que un aumento en la fe (no la fe inicial) es un regalo divino dado como respuesta a la fidelidad de una persona. (*Paen.*1.48; *Ep.*41.6).

D. Conclusión

Ni un solo padre de la iglesia temprana que escribió entre el 95-430 EC, y a pesar del abundante reconocimiento de la depravación humana heredada, ni uno consideraba que la caída de Adán hubiera borrado la libre elección humana para responder independientemente a la bondadosa invitación de Dios.[35] La fe inicial no la da Dios como un regalo. Los

---

Allen and Unwin, 1922), 40.

[34] Paul Blowers, "Original Sin," en Everett Ferguson, ed. *Encyclopedia of Early Christianity*. 2nd edn. (New York, NY: Routledge, 1999), 839–840.

[35] Véase Wilson, *Cómo Agustín se convirtió*, Apéndice III (pp. 307–9) si

humanos no pueden hacer nada para salvarse a sí mismos, solo la gracia de Dios puede salvar. La incapacidad total para hacer las buenas obras de Dios sin la gracia de Dios no significa la incapacidad para creer en Cristo y prepararse para el bautismo. Ningún autor cristiano abrazaba el determinismo de la Predeterminación Divina Unilateral de los Destinos Eternos de los Individuos (PDUDEI): todos los que la consideraron, rechazaron la PDUDEI como filosofía errónea pagana, fuera estoica o neoplatónica, o como herejía gnóstica o maniquea. Y entendían que la PDUDEI no cuadraba con el Dios del cristianismo, que es generoso y busca relacionarse con el ser humano. El regalo de Dios es la salvación por gracia divina por medio de la fe humana (cf. Ef 2:8), no un regalo unilateral de fe inicial, como afirmaban los herejes gnósticos y maniqueos. Este elemento esencial claramente diferencia la literatura cristiana temprana de la literatura gnóstica y maniquea.

Durante cientos de años y por todo el mundo mediterráneo existió una extraordinaria unanimidad teológica. Una sola *regula fidei* cristiana (regla de fe) de libre elección (defendida por Orígenes como *la* regla de fe) combatió la Predeterminación Divina Unilateral de los Destinos Eternos de los Individuos propugnada en el "libre albedrío no libre" del estoicismo y en la enseñanza gnóstica del regalo divino de la fe inicial infundida en una "voluntad muerta". El amoroso Dios cristiano permite que el ser humano ejerza el libre albedrío que les ha dado.

---

desea una lista complete de autores de la iglesia temprana sobre este tema.

Capítulo 3
La teología tradicional de Agustín de Hipona 386–411 EC

Ambrosio fue obispo de Milán y padre espiritual de Agustín. Y en el año 386 EC, metió a Agustín en el cristianismo por medio del bautismo. Agustín se alejó poco a poco de sus ideas neoplatónicas y maniqueas y fue abrazando la teología cristiana de su tiempo. Una década más tarde, después de leer los comentarios de Victorino y luego Jerónimo sobre Gálatas, Agustín descubrió la gracia de Dios aparte del mérito de las obras humanas.[1] Cuando se convirtió en co-obispo de Hipona, Agustín enseñaba la teología tradicional mientras disputaba contra los herejes maniqueos. Enseñaba la misma teología que habían enseñado los líderes cristianos durante siglos contra los estoicos y los gnósticos. Dios respondía a los humanos y Dios elegía para la dicha celestial, y todo esto se basaba en la presciencia de Dios de las futuras elecciones humanas, no en un pre-determinismo unilateral y no relacional (como las ideas gnósticas que Agustín había albergado anteriormente y que provenían del maniqueísmo, estoicismo y neoplatonismo).[2] Agustín enseñaba esta

---

[1] Stephen Cooper, *Marius Victorinus' Commentary on Galatians: Introduction, Translation, and Notes* (Oxford: Oxford University Press, 2005), 136–139; Andrew Cain, *St. Jerome: Commentary on Galatians* in The Fathers of the Church (Washington, DC: The Catholic University of America Press, 2010), 16–33.

[2] Como Dios es omnitemporal, el término "presciencia" es un antropomorfismo. Dios vive simultáneamente en el pasado, presente y futuro. Véase Richard Swinburne, "God and Time," en Eleonore Stump, ed., *Reasoned*

teología cristiana tradicional, defendiendo la libre elección humana y la elección basada en la presciencia de Dios. Y esta teología la enseñó por más de veinticinco años hasta el año 412 EC.[3]

A. Las obras de Agustín 386–395 EC

La teología tradicional temprana de Agustín afirma de manera generalizada que los humanos pueden responder a Dios sin ayuda divina. "Pero unos míseros amigos podrían ser dueños de este mundo si estuvieran dispuestos a ser hijos de Dios, porque Dios les ha dado el poder de convertirse en sus hijos" (*Ver. Rel.*65). Escribiendo contra la errónea interpretación maniquea de Efesios 2:3 (que decía que la frase "eran por naturaleza hijos de ira" significa que son hijos de ira al nacer), Agustín rechazó que el ser humano estuviera separado de Dios por naturaleza, "Recuerda lo que dijo el apóstol: 'En nuestro estilo de vida [comportamiento] estamos separados de Dios'" y, "dijo Agustín: 'Yo digo que no es pecado si no es pecado por la voluntad de uno mismo; por lo tanto, también hay [una] recompensa, pues hacemos lo correcto por nuestra propia voluntad'"(*c. Fort.*21). Agustín aclara que sus declaraciones sobre el libre albedrío se refieren a las personas de su tiempo, no solo a la naturaleza original de Adán.

Faith (Ithaca: Cornell University Press, 1993), 204–222.

[3] Prácticamente todos los eruditos afirman que Agustín se convirtió a su nueva teología en 396/7 EC con *Ad Simplicianum* 1.2. He demostrado que Agustín enmendó esta obra, como también corrigió otros escritos muchas décadas después de que fueron escritos. Ver Wilson, *Cómo Agustín se convirtió*, 134–156 y Wilson, "Re-dating Augustine's *Ad Simplicianum* 1.2 to the Pelagian Controversy," *St.Patr.* XCVIII, vol.24 (2017): 431–450.

> Por esta razón, esas almas, hagan lo que hagan, si por naturaleza y no voluntariamente, es decir, si carecen del movimiento del alma/mente libre para hacer y dejar de hacer; si, en resumen, no se les otorga ningún poder de abstenerse de sus propios actos, no podemos identificar cuál sea su pecado. Pero todos reconocen ambas verdades: que las almas malas están condenadas justamente, y aquellos que no han pecado están condenados injustamente. (*an.immor.*17; cf.,12; traducción mía).

"Pues por su libre albedrío el hombre tiene un medio para creer en el Libertador y para recibir gracia" (*exp.prop.Rm.*44.3). La presciencia de Dios le permite predestinar solo a aquellos que sabe que responderán con fe: "Dios tampoco predestinó a nadie, excepto a aquel que sabía que creería y seguiría el llamado, a quien él [Pablo] llama 'los elegidos'. (5) Porque muchos no acuden, aunque hayan sido llamados". (*exp.prop.Rm.*55).

"Ciertamente Él tiene misericordia de quien quiere, y endurece a quien quiere, pero esta voluntad de Dios no puede ser injusta. Porque surge de méritos profundamente ocultos [*occultissimis meritis*] porque, aunque los pecadores mismos hayan sido una sola masa a causa del pecado de todos, aun así no es el caso de que no haya diferencia entre ellos" (*Div.Q.O.*68.4; cf., 82.2). "Por medio de su presciencia, Dios escoge a los creyentes y condena a los incrédulos" (*exp.prop.Rm.*62.15). "Por lo tanto, Dios no escogió las obras de nadie [que Dios mismo otorgaría] por presciencia, sino más bien por la presciencia escogió la fe, de modo que elige precisamente a aquel a quien sabía que creería en él; y a él le da el Espíritu Santo... El creer es nuestra obra, pero las buenas obras son de Aquel que da el Espíritu Santo a los que creen" (*exp.prop.Rm.*60.11–12). Siguiendo las mismas ideas de todos los otros escritos cristianos antiguos que tenemos, Agustín contemplaba el libre albedrío como críticamente necesario para defender al Dios cristiano contra las herejías gnósticas y maniqueas altamente deterministas, y contra el destino estoico.

> Ahora, sin embargo, cuando Dios castiga a un pecador, ¿qué otra cosa crees que le dirá a él sino "por qué no usaste tu libre albedrío para el propósito por el que te lo di, es decir, para hacer lo que está bien?" ... Pues ni es pecado ni está hecho bien, ya que [la decisión de escoger] no se hace de manera voluntaria. Por esta razón, sería injusto tanto el castigo como la recompensa si el hombre no tuviera libre albedrío. (*lib.arb.*2.3, traducción mía)

"Las Escrituras enseñan que Dios mismo colocó esto en nuestro poder cuando dice: '[Él] les dio el poder de llegar a ser hijos de Dios' [Juan 1:12]. Pero a las personas se les llama hijos del diablo cuando imitan su orgullo impío, se apartan de la luz y de la altura de la sabiduría, y no creen la verdad" (*c.Adim.*5).

B. Las obras de Agustín 396–411 EC

Los eruditos identifican *Ad Simplicianum* del año 396 EC como la transición de Agustín a su teología posterior, provocada por la lectura de Romanos, Gálatas y 1 Corintios.[4] Esta carta es extraordinaria, siendo la única que escribió al obispo Simplicianus de Milán, Italia, desde el norte de África. Muestra un cambio teológico repentino en sus contenidos. Hay un cambio abrupto entre la teología de la primera mitad de la carta y la segunda mitad. La primera mitad enseña la libre elección cristiana

---

[4] James Wetzel, "Simplicianum, Ad," in Allan Fitzgerald, ed. *Augustine Through the Ages: An Encyclopedia* (Grand Rapids, MI: Eerdmans, 1999), 798–799; Peter Brown, *Augustine of Hippo: A Biography* (London: Faber and Faber, 1967; rev. edn. Berkeley, CA: University of California Press, 2000), 147–148; Ernest Evans, *Tertullian's Homily on Baptism* (London: SPCK, 1964), 101; Paul Rigby, "Original Sin," en Allan Fitzgerald, ed. *Augustine Through the Ages: An Encyclopedia* (Grand Rapids, MI: Eerdmans, 1999), 607–614; Carol Harrison, *Rethinking Augustine's Early Theology: An Argument for Continuity* (Oxford: Oxford University Press, 2006); etc., según la lista en Wilson, *Cómo Agustín se convirtió.*

tradicional, que Agustín también compartía, pero dentro de la segunda mitad (en la sección cinco) Agustín cambia abruptamente y enseña doctrinas que no se parecen a nada escrito por autores cristianos anteriores.

Pocas e inadecuadas han sido las explicaciones para esta anomalía. ¿Por qué? Porque Agustín guarda silencio durante otros quince años en cuanto a estas ideas novedosas. Antes de que hiciera mi investigación, ninguna obra académica había investigado cronológicamente el corpus completo de Agustín desde 386–430 EC, analizando específicamente sus últimas cinco doctrinas: 1.) Que Dios da la fe inicial como regalo; 2.) Que se hereda la *reatus* (culpa) condenatoria de Adán; 3.) El don de la perseverancia; 4.) La predeterminación divina unilateral de los destinos eternos de las personas, independientemente de la presciencia de Dios; y 5.) Dios ni desea la salvación de todas las personas ni provee para que sean salvas. Los eruditos no se esmeraron al investigar las obras de Agustín desde el año 386 hasta el 411 EC, ya que asumieron que hubo una transición en el año 396 EC.

Cuando se hace una lectura cronológica de las obras de Agustín, uno encuentra que durante los siguientes quince años después del año 396 EC, Agustín enseña exactamente las mismas doctrinas que había enseñado durante las décadas antes del año 396 EC. En dichos años, Agustín defiende que: en la elección divina, es importante la presciencia que Dios tiene de las decisiones humanas; los humanos siguen siendo capaces de escoger lo bueno y sí pueden escoger a Dios; los humanos no están condenados al nacer (como enseñaban los maniqueos); y Dios ama a cada individuo y desea la salvación de cada humano.

En el año 398 EC, Agustín afirma que Félix puede llegar a ser cristiano si examina la evidencia, y no necesita que Dios regenere su voluntad ni que provea un don de fe (*Fel.*2.12). Cuando Agustín cita Juan 1:12–13, argumenta que Dios no les da a las personas el poder para creer, sino que Él es el poder de aquellos que sí creen y confían en él (*Fel.*1.12). Argumenta que la fe inicial no es un regalo de Dios ya que las personas aún pueden creer por su propio poder. Agustín acusa a Félix y al maniqueísmo de abusar de la frase "libre albedrío". Dice que vacían el "libre albedrío" de significado al enseñar que aquellos que 'no están dispuestos' *ni siquiera eran capaces* de decidir lo bueno. Agustín desvela como los maniqueos astutamente omiten la 'coacción' directa (*Fel.*2.5) cuando abusan del término 'libre albedrío'.

En el año 399 EC, Agustín escribe contra Fausto el maniqueo. Cuando explica Romanos 9, Agustín dice que las determinaciones de Dios son secretas, y aun así Él juzga con justicia castigando a quienes le rechazan; y, la humanidad retiene libre albedrío, no una voluntad que solo puede pecar (*Fausto.*21.2–3). Además, Agustín acusa al dios maniqueo de crear un dilema imposible para los condenados. Nuevamente desvela la estratagema maniquea de querer justificar su determinismo injusto por medio de una mera apariencia o fachada de elección personal dentro del libre albedrío. Agustín argumenta con vehemencia que los maniqueos crean un Dios sorprendentemente cruel y criminal que condena a las personas al castigo eterno por algo que les es necesariamente intrínseco. Aquí el dios maniqueo es chocante en su injusticia:

> Y por esta razón, te queda decir que aquellas almas destinadas a ser condenadas con cadenas eternas en la horrible esfera, emergieron como enemigos de la luz sagrada, no por su propia voluntad sino por necesidad, y te queda hacer de tu dios una especie de juez ante el cual nada podría ayudar a aquellos cuyo caso defiendes, una vez hayas demostrado la necesidad de su acción, y la clase de rey del que no puedes obtener el perdón para tus hermanos, sus [propios] hijos y los miembros, cuyas enemistades contra ti y contra él, que dices tú, emergieron no por voluntad sino por necesidad. ¡Oh monstruosa crueldad! (*Faust.*22.22)

En el año 401 EC, Agustín demuestra que Dios es bondadoso utilizando una larga lista de pasajes bíblicos. El Dios del cristianismo desea pacientemente y con compasión que todos los pecadores regresen a Él con humildad: Dios no desea ninguna de sus muertes (*Nat. Bon.*48). En *De bono conuigali* (401 EC), Agustín cree que el único castigo que surgió del pecado de Adán es la mortalidad (*Bon. Conj.*2). Agustín argumenta que el alma humana posee una gran fuerza para servir a la justicia en lugar de a la lujuria. (*Bon. conj.*34).

Cuando Petiliano le desafió (401 EC), Agustín no tuvo solución para la tensión entre el libre albedrío humano y cómo Dios atrae a las personas hacia sí. Petiliano enseñaba el determinismo unilateral. Utilizó Juan 6:44 ("Nadie puede venir a mí si no lo trae el Padre que me envió", LBLA) para desafiar a Agustín en su creencia de la libre elección humana en la salvación. Agustín esquiva la pregunta de Petiliano, pero a la vez enfatiza el libre albedrío (*C. litt. Petil.*2.185–186).

En sus escritos alrededor del año 403 EC, Agustín enseña que la libre elección no terminó con Adán, sino que persiste, porque Dios (en su presciencia) sabía que algunas personas por su propia elección desearían buscarle y servirle voluntariamente (*Catech. Rud.*30). El Dios personal (que se relaciona) del cristianismo todavía responde a las actitudes y elecciones del ser humano. Agustín cita Ef. 2:8–10 exponiendo la salvación gratuita y las buenas obras, pero *no* menciona que se necesite un don divino para la fe inicial de creer en Cristo (*Virginit.*41).

En sus *Confesiones* (*ca.*397–403 EC),[5] Agustín no se desvía de su teología tradicional. En consonancia con todas sus otras obras desde 397–405 EC, Agustín enseña el pecado original, pero *sin* la culpa heredada que condena. Dios actúa respondiendo a las personas, en lugar de determinar unilateralmente los destinos eternos. Cada persona posee un

[5] Los Libros X–XIII se escribieron en el año 403 EC según Pierre-Marie Hombert, *Nouvelles recherches sur la chronologie Augustinienne* (Paris: Institut d'Études Augustiniennes, 2000).

residuo de libre elección para creer la revelación de la salvación de Dios en Cristo, y esto no requiere de un regalo de fe inicial de parte de Dios. Cualquiera que encuentre alteraciones teológicas en *Confesiones* las tiene que imponer, puesto que estaría tomando por sentado un cambio en la teología de Agustín anterior al año 396 EC.[6]

Alrededor del año 404 EC, Agustín alabó la fe del ladrón en la cruz como suficiente para la salvación *sin* el bautismo en agua (*Bapt* 4.29–30). El bautismo solo sirve para la dedicación de los niños a Dios y un primer paso hacia la salvación, no el perdón de la culpa del pecado original (*Bapt.*4.32). Agustín requiere una conversión del corazón (4.33) y perseverancia hasta el final para la salvación (*Baut.*1.14) pero no menciona que Dios conceda estas cosas como regalos.

En sus escritos entre 402–405 EC, la certeza de las profecías de Dios no está determinada por preordenación unilateral, sino (aún) por la presciencia de Dios de las "futuras" elecciones libres del ser humano (*Unit. Eccl.*23 y 73). Agustín continúa con su comprensión tradicional de la predestinación (*predestinata*), la presciencia de Dios responde y se relaciona con las decisiones libres "futuras" del ser humano. No acude a su posterior PDUDEI (*Unit. eccl.*23, 34, 39, 52).

En sus escritos alrededor de año 409 EC, Agustín enseña que no se le retiene la salvación a nadie que sea digna de ella. Las únicas personas que *no* son dignas de salvación son aquellas personas que Dios en su presciencia ha identificado como que rechazarán su gracia (*ep.*102.15). El castigo por el pecado de Adán fue la mortalidad (no la muerte eterna), y la inmortalidad se puede recuperar por la misericordia de Dios (*Mus.*6.33). A pesar de la caída de Adán, la caída del alma en pecado y

[6] Para una respuesta a Paul Rigby, *Original Sin in Augustine's* Confessions (Ottawa: University of Ottawa Press, 1987), esp. 42, véase Wilson, *Cómo Agustin cambió*, 125–130.

condenación de cada persona sigue siendo una caída privada (individual), no corporativa en Adán (*Mus.*6.53).

Por lo tanto, desde su conversión en el año 386 EC hasta 411 EC, Agustín enseñaba las doctrinas cristianas tradicionales y las defendía ante el determinismo unilateral divino gnóstico-maniqueo. Durante estos veinticinco años no hay incidencia alguna de las doctrinas posteriores de Agustín que ahora asociamos con el calvinismo. Sí hay dos pequeñas excepciones. Ambas se deben a las posteriores correcciones y enmiendas que hizo Agustín de sus propias obras.

C. Dos anomalías pre-412

Comenzando en el año 412 EC durante su conflicto con los pelagianos (como veremos en el siguiente capítulo),[7] Agustín cambia su teología, enseñando: la pérdida del libre albedrío humano, la culpa que condena al nacer; que la primera fe es un regalo unilateral de Dios sin que el ser humano esté involucrado; que Dios da el regalo de la perseverancia solamente a algunos cristianos. Pero entre los años 386–411 EC, solo una sección (no toda) de dos obras difieren de sus anteriores posturas que tienen unas características netamente de la tradición cristiana temprana. Sus obras *De libero arbitrio* 3.47–54 y *Ad Simplicianum* 2.5–22 contienen secciones que contradicen sus doctrinas tradicionales anteriores y posteriores.

I. Lib. arb.3.47–54 (On Free Will)

En *De libero arbitrio* 2.1–3.46 (395 EC) aparece una grave anomalía. A pesar de que la teología tradicional de Agustín persiste hasta el 412 EC, se produce un cambio repentino y dramático en el tono y en la sustancia

---

[7] Ver Capítulo 4 para explicaciones de la controversia pelagiana.

de *Lib. arb.*3.47–54, que presuntamente se había escrito diecisiete años antes con el resto de esta obra.[8] Los siguientes nueve puntos son de carácter técnico y se pueden evaluar en apoyo del argumento.

Hay nueve razones para creer que *Lib. arb.*3.47–54 sea una posterior enmienda que hizo Agustín más de quince años después a principios del año 412 EC:

1.) Evodio (que estuvo ausente durante cuarenta capítulos) presenta esta sección, surgiendo en un cameo de un párrafo, solicitando una explicación de las diferencias entre 'las voluntades' de los individuos, y luego desapareciendo permanentemente.

2.) El anterior tono filosófico y cortés de Agustín se convierte de repente en una pomposa exégesis moralizadora del libro del Génesis, que explica los horrendos efectos del primer pecado de Adán sobre toda la humanidad.

3.) Solo hay quince citas bíblicas en todo el tercer libro; pero de repente Agustín cita cuatro pasajes uno detrás de otro, lo cual sorprende por su cantidad (3.51), y seis aparecen dentro de estos pocos capítulos, los cuales representan el cuarenta por ciento de todas las citas bíblicas en el libro 3. Esto cuadra con el patrón que sigue Agustín después del año 411 EC: cita pasajes-prueba[9] en grupos para probar sus argumentos.

4.) Se produce una explosión de doce verbos en la primera persona del plural en los tres capítulos 3.52–54. En cambio, *Lib. arb.*3.47–51 no contiene ninguno, y el recuento en los últimos veintisiete

[8] Roland Teske, "*Libero arbitrio, De,*" en Allan D. Fitzgerald, ed. *Augustine Through the Ages*: *An Encyclopedia*. Grand Rapids, MI: Eerdmans, 1999), 494–495; notó el cambio, pero hizo una lista de nueve razones.

[9] Un versículo que se utiliza como martillo teológico. Se saca de su contexto y se deja que flote en el aire.

capítulos (3.55–7) es de solo diecisiete con un máximo de cuatro en *Lib. arb.*3.60. En todo el libro entero (3.1–77) solo hay cuarenta. Por lo tanto, menos del cuatro por ciento del libro tres contiene el treinta por ciento de estos usos.[10]

5.) Agustín concluye 3.47–54 citando Ef. 2:3, "éramos por naturaleza hijos de ira", lo cual es la primera vez que aparece como pasaje-prueba en cualquiera de sus obras, cartas o sermones, y sorprendentemente está ausente hasta el año 412 EC.

6.) La anterior discusión sobre la relación entre la presciencia de Dios y el libre albedrío (*Lib. Arb.* 3.4–11) concluye con "Dios tiene presciencia de todas sus propias acciones, pero no es el agente de todo lo que conoce de antemano" (3.11). Escribe esta conclusión después de la refutación que hace Orígenes de la presciencia causal pagana. Pero luego, de manera incongruente, este mismo tema inmediatamente reaparece e introduce esta sección enmendada en 3.47.

7.) Por primera vez en todas sus obras, *peccatum* (pecado) significa "la pena necesaria por ese primer pecado" (3.54) en lugar de "cometido a sabiendas y con libre albedrío".

8.) Por primera vez, la 'voluntad malvada' (estoica) es la causa de todos los males (3.48–49), se perdió la libertad de la voluntad (3.52, 54), y los humanos son incapaces (no tienen poder) de hacer

---

[10] Los pasajes con mayor probabilidad son 3.59–61 con veinticuatro por ciento y 3.35–37 con quince por ciento, mientras que 3.28 solo contiene quince por ciento. Esto en sí mismo no puede probar que esta explosión en tres capítulos constituye una prueba de que hubiera una enmienda posterior. Sin embargo, es el grupo de pasajes-prueba más grande en este libro. Combinado con las otras ocho razones, este agrupamiento sugiere una enmienda por parte de Agustín.

el bien (3.51, 52, 53). Solo unos pocos párrafos antes, los humanos necesitaban "libre albedrío y suficiente poder" como pre-requisitos para que se les imputara culpabilidad (*Lib. Arb.*3.45). Pero ahora, de repente, los humanos no tienen poder para hacer el bien como castigo por el pecado de Adán (3.51). La poderosa 'costumbre carnal' impide que las personas *escojan* el bien (3.52) ya que hasta ahora lo que dominaba el escenario era un mínimo de 'ignorancia y dificultad' (3.52). El pecado voluntario de Adán recibe la pena justa heredada de no solo perder el poder de *hacer* lo que está bien (Romanos 7) sino incluso de poder *saber* lo que está bien (3.52).

9.) Finalmente, si se omite 3.47–3.54, el argumento contextual de *Lib. arb.* 3.55 fluye con naturalidad después de 3.46. Agustín en 3.46 había defendido que una persona solo es culpable de su pecado personal, utilizando el libre albedrío que tienen en la actualidad junto con el poder suficiente para escoger el bien (nótese 'Sus criaturas', 'tú' y 'ninguna persona'), y 3.44 afirma que "no hay culpa si son lo que son porque no recibieron el poder". Como explica 3.46, "El pecado surge solo cuando un hombre se aparta de su verdad". De igual manera, en 3.55 (inmediatamente después de la sección enmendada), Agustín habla de cómo nacimos como mortales en la ignorancia y dificultad que provinieron de Adán y Eva. Pero su descendencia puede por propia voluntad volverse hacia Dios, quien les proporciona poder para trascender esa heredada ignorancia y dificultad. *Lib. arb.*3.55 fluye perfectamente después de 3.46 como si originalmente se hubiera escrito para que lo siguiera. Su teología contradice, tanto inmediatamente antes como después, la sección enmendada: 3.47–54.

Estos nueve datos se alzan en oposición frontal al resto de todo este tratado. Y si esto se combina con la abrupta transición que hay en esta pequeña sección (3.47–54), todo resulta difícil de explicar. De hecho, *Lib. arb.*3.47-54 sobresale como un pulgar adolorido, una sección anómala sin precedentes. En medio de esta obra, en unas pocas frases, algo hizo marcha atrás radicalmente en la mente de Agustín, puesto que contradice todo lo anterior y lo que sigue. Es increíble, puesto que ya no podemos encontrar esta novedosa teología en sus obras hasta el año 412 EC. Y lo más importante de todo, los capítulos posteriores de su carta (3.55 hasta el final) reiteran los temas tradicionales que encontramos anteriormente en *Lib. arb.*1.1–3.46. En estas secciones, los humanos poseen la libertad de 'la voluntad' (3.55, 74), una capacidad innata dada por Dios para el bien y la búsqueda de Dios, las cuales suscitan la ayuda de Dios (3.56, 58, 60, 65). Con la ayuda de Dios el alma posee el poder de buscar la justicia con diligencia y piedad, y *no* se le culpa al ser humano por su ignorancia natural e impotencia, ya que solamente hay culpa si no se busca conocimiento (3.60, 64). Y Agustín quiere evitar decir: "pecamos en Adán" (3.56).

El erudito Teske también ha observado las abruptas alteraciones de Agustín en tono y contenido.[11] Debemos considerar que este cambio radical representa una enmienda posterior por parte de Agustín. Para cualquiera que persiga una lectura cronológica meticulosa de las obras de Agustín, *Lib. arb.*3.47–54 representa una anomalía inexplicable, *no reconocida.* Sin embargo, el erudito DeBuhn atribuye el debate con Fortunato (*ca.*392) como aquello que inspiró a Agustín, alrededor de 395 EC, con la tercera y última postura en cuanto a la gracia, que alberga "una voluntad humana muy viciada, y que conserva una solo hoja de higuera de aquel libre albedrío que tuvo originalmente en Adán (*Lib. arb* 3.18.51–3.20.55)". DeBuhn no reconoce que Agustín enmendara esto en

---

[11] Teske (1999), 494–495.

el año 412 EC.[12] Sin embargo, sigue ausente el *reatus* heredado (la culpa de Adán) que condena, y que se encuentra en sus obras posteriores. Aquí en este texto, el bautismo infantil todavía no es un requisito para que un bebé se salve de la condenación a causa del pecado original "agustiniano" (*Lib. arb.*3.66), a pesar de que el bautismo de los bebés para salvación forma parte del mismísimo fundamento de su teología posterior.

Pero si esta anomalía realmente resulta ser una enmienda añadida por Agustín, ¿por qué no existe ningún manuscrito que le falte la sección 3.47-54 así como en el original? Porque, incluso si la obra original del año 395 (cf., *ep.*31) excluyese 3.47–54, la copia enmendada por Agustín, que estaría en su biblioteca, aquella copia enmendada tomaría autoridad preferencial para su bibliotecario (Posidio) y para el mundo antiguo. Se considerarían más fiables las copias de la biblioteca personales de Agustín y, por lo tanto, se sustituirían las copias consideradas defectuosas por faltarles sus enmiendas. Otras copias no habían sido copiadas directamente de la biblioteca personal de Agustín y eran inferiores. Agustín mismo enmendó muchos de sus escritos, pero no poseemos ni uno que contenga variantes, incluso con obras en los que Agustín reconoce *explícitamente* haberlas enmendado hasta veinte años después de haberlas escrito en su forma original (como se explica en el siguiente capítulo). Por lo tanto, no debemos esperar encontrar ninguna copia del manuscrito con una variante que carezca la sección 3.47–54.

El problema de la teología muy prematura de *Lib. arb.*3.47–54 reclama a gritos una explicación, puesto que no existe evidencia alguna de ningún

---

[12] Jason BeDuhn, "Did Augustine Win His Debate with Fortunatus?" en Jacob van den Berg, Annemaré Kotzé, Tobias Nicklas, and Madeleine Scopello, eds. *'In Search of Truth': Augustine, Manichaeism and other Gnosticism–Studies for Johannes van Oort at Sixty*, NHMS 74 (Leiden: Brill, 2011), 475; sugiere que Fortunato ganó el debate.

cambio teológico en ningún otro escrito durante otros diecisiete años. Es la única sección que se desvía de la teología tradicional y, sorprendentemente, después de dicha sección Agustín vuelve inmediatamente a su teología tradicional en *Lib. arb.*3.55 como si la sección interpuesta 3.47–54 nunca se hubiera escrito. Agustín corrigió numerosas obras muchos años o incluso décadas después de haberlas escrito. Dos de estos escritos que corrigió son de crítica importancia: *De libero arbitrio* 3.47–54 y *Ad Simplicianum* 2.5–22. Ahora estamos preparados para examinar *Ad Simplicianum*.

II. La carta al obispo Simpliciano 396/7 EC

Escrita en 396/7 EC, la segunda mitad de *Ad Simplicianum* contiene numerosas, nuevas y extremadamente detalladas teologías dogmáticas que no se pueden encontrar por otros quince años en ninguna de las veintisiete obras que escribió entre los años 396–411 EC. El erudito Wetzel enfatiza: "En marcado contraste con el resto de la obra, la segunda parte del libro 1, sobre Romanos 9:19-20, hace estallar una verdadera revolución en su teología".[13] De hecho, *Ad Simplicianum* entra en erupción como el volcán explosivo Krakatoa con una docena de conceptos y términos teológicos novedosos que no aparecen más durante quince años.[14]

El erudito Babcock afirma: "Excluye especialmente la idea de que Dios eligiera a Jacob por su presciencia de la fe de Jacob. La delgada línea de demarcación entre la presciencia de la fe y la presciencia de las obras había resultado demasiado fina, demasiado frágil. Y Agustín ya no la quiso seguir manteniendo".[15] Babcock describe correctamente cómo

---

[13] Wetzel (1999), 798–799.

[14] Wilson, *Cómo Agustín se convirtió*, 139–155, que incluye una discusión de otras obras que Agustín llegó a corregir.

Agustín combina la fe para que sea algún tipo de obra. Pero notemos cuidadosamente (en contra de la afirmación de Babcock) que Agustín *no* dice: "La elección de Dios *no* se basa en la presciencia". Más bien, Agustín enfatiza correctamente que el *punto argumentativo* de Pablo no era "la elección se basa en la presciencia". En cambio, el énfasis de Pablo fue 'Dios *no* basó su elección de Jacob en sus *obras*'. Quizás la teología tradicional de trescientos años hiciera que Agustín se sintiera incapaz de negar abiertamente la elección basada en la presciencia divina.

Como se demostrará, en los escritos de Agustín de los siguientes quince años, no hay rastro alguno de los términos enmendados y de su nueva interpretación de Romanos 11 que encontramos en *Ad Simplicianum.* Y, aun así, en este período de quince años, sí hay múltiples referencias al castigo por el pecado de Adán, el bautismo de los bebés, la naturaleza del pecado y numerosas citas de Romanos 11 (ninguna de las cuales coincide con esta interpretación). Además, las pocas veces anteriores que aparece el término *massa* (masa) de la humanidad (por ejemplo, *Div. Quaest.* 68; *Conf.*13.15; *Faust.*22.22), todas carecen de la teoría de la culpa heredada (*reatus*) ya que Cristo vino de esa misma *massa* (*Fel.*2.11). Luego Agustín alegoriza un pasaje irrelevante de *Sir.* 21, tratando de justificar a Dios: no hay injusticia con Dios a pesar de los castigos injustos de Dios. Obviamente, Agustín siente la necesidad de defender su novedosa interpretación (*Simpl.*2.20). Su contexto en el siguiente capítulo no tiene que ver con la fe inicial, sino que tiene que ver con la fe cristiana progresiva que permite el crecimiento en la piedad. De hecho, *Ad Simplicianum* estalla con una docena de novedosos conceptos teológicos:

---

[15] Babcock (1979): 55–74.

1.) *Massa peccati (masa de pecado)*: *Massa* ocurre cuatro veces (Simpl.2.16, 17, 19, 20). Comparativamente, estos cinco breves capítulos de *Simpl.*2 contienen este término la misma cantidad de veces que en todas sus obras anteriores.

2.) *Traduce peccati (pecado heredado)*: Este término no vuelve a aparecer durante otros quince años, pero se inserta convenientemente junto con la doctrina tradicional de la mortalidad heredada.

3.) *Originali reatu (culpa original)*: Tampoco encontramos este término por otros quince años. Antes del año 412 EC, Agustín sí usa un término relacionado: *originale peccatum* (pecado original, no culpa original), y lo utiliza cuatro veces (*Gen. Man.*2.10, *Ver. Rel.*1.13, *Div. Quaest.*88, *Conf.*5.9) pero todos estos términos conllevan el significado anterior tradicional. Incluso en la primera mitad del libro (*Simpl.*1), encontramos tres referencias al pecado original tradicional, ninguna en *Simpl.*2, donde lo sustituye el término *originali reatu*. Sin embargo, después del año 412 EC, esta expresión surge cincuenta y tres veces. Los escritos anti-pelagianos contienen treinta y siete usos de esta expresión. Ocho de sus sermones contienen nueve referencias a esta expresión (S.25, 56.9, 69.3, 136.9, 136.9, 143.1, 351.2, 362.14, 391). Entonces, en junio del año 413 EC en S.294, irrumpen cinco citas bíblicas en un solo sermón (un patrón de grupos de citas). Dos epístolas (*ep.*215; *ep.*157) contienen dos en cada epístola. Su anterior comprensión cristiana tradicional del pecado original constaba de una *ignorancia* y *dificultad* heredada con la propensión a pecar (de *concupiscentia carnis/carnalis*, cf. *Lib. Arb.*3.19, *Exp. Gal.*46, *Exp.quaest. Rom.* 1.13). Esto de repente se transforma en su posterior culpa original agustiniana. "Pero la concupiscencia carnal [la naturaleza pecaminosa] ahora reina como resultado del castigo por el pecado [de Adán], habiendo apilado a toda la raza humana en una masa de confusión permanente y culpa original".[16] Este novedoso significado desaparece por completo, hasta quince años más tarde, donde aparece en *Pecc. mérito* 2.15.[17]

4.) La fe se vuelve "meritoria" y se apila junto con las obras, en contra de Ro. 4:4–6, el cual distingue la fe como NO meritoria al igual que las obras. Esto también contradice las obras que escribió después del año 395 EC (al aprender por medio de Victorino y Jerónimo acerca de la gracia inmerecida). Esto también contradice las veintisiete obras que escribió hasta el año 412 EC.

5.) La presciencia de Dios en la elección sufre un inexplicable rechazo a pesar del pasaje en 1 Pe 1:1–2 ("escogidos.... según la presciencia de Dios") y su autoimpuesta *regla de fe* cristiana, que ya había tenido varios siglos de universal aceptación, en cuanto a esta misma doctrina.

6.) Dios "en su justicia" convierte a las personas en "vasos de perdición" con el propósito de advertir a los justos sobre lo que les sucederá si caen en la injusticia.

7.) El libre albedrío existe, pero solo puede producir el mal porque ahora los humanos están vendidos bajo la naturaleza pecaminosa totalmente corrupta (el "libre albedrío no libre" estoico). Las "voluntades" humanas son "voluntades malignas" estoicas/neoplatónicas/maniqueas por naturaleza (caída).

8.) La fe tiene que ser un regalo como todo lo demás. Agustín "demuestra" esto apelando a 1 Cor. 4:7, a pesar de que hasta el año 412 EC usó este versículo ampliamente en sus otras obras sin que surgiera esta interpretación novedosa del versículo. (Esta interpretación sigue

---

[16] La traducción es mía.

[17] Cf. Keech (2010), 113.

las enseñanzas de Ticonio, su predecesor cristiano donatista, de quien tomó prestada mucha teología).

9.) Antes los humanos endurecían sus propios corazones. Ahora todo esto se transforma. Ahora Dios no está dispuesto a ser misericordioso. Esto contrasta grandemente con lo que escribe Agustín durante los siguientes quince años. Durante esos años Agustín aboga por un castigo justo para los pecadores obstinados que se niegan a creer, ya que toda persona es capaz de ejercer fe.

10.) El "llamado eficaz de Dios" (no se puede resistir y tendrá éxito) sustituye su anterior "llamado universal cristiano" al que todos pueden responder (pero muchos no lo hacen). El llamado universal (que llama por igual a todas las personas) sigue apareciendo en sus obras, sermones y cartas desde 396–412 EC.

11.) 'La voluntad' ocupa el centro del escenario. Es tan importante que Dios ya no escoge a personas, sino que sorprendentemente, Dios escoge "voluntades", contradiciendo su argumento anterior en *Exp.quaest.Rom.*

12.) En una elección arbitraria, tiene que haber una equidad oculta que defienda la justicia de Dios, y que proporcione gracia y fe para una vida justa (*Simpl.*2.16, 17, 18, 22). En los siguientes quince años sus explicaciones de Romanos 11 no reflejan esta nueva defensa suya.

Además, Agustín contradice su propia teología dentro de esta carta que supuestamente se envió en su totalidad a Simplicianus. La respuesta a Romanos 7 (en la primera pregunta) reproduce con precisión su primera teología no agustiniana del pecado original (debilitando, pero no dejando muerto/inoperante al libre albedrío). Una cosa que las personas sí retienen en su libre albedrío es el poder de recurrir a Dios en busca de ayuda (*Simpl.*1.14). La adicción humana al placer pecaminoso no surge del pecado original sino del hábito de pecar repetitivamente (1.10). La gracia de Dios nos libera si nosotros en fe cedemos a Dios (*Simpl.*1.11).

Como contraste, sus respuestas a la "segunda pregunta" (*Ad Simplicianum* 2.5) echan totalmente por tierra lo que escribían no solo todos los autores cristianos anteriores que conocemos, sino también el contenido de esta misma carta de Agustín (*Simpl.*1), junto con todas las obras anteriores de Agustín y todas sus obras que fueron escritas en los siguientes quince años. Aquí hay algo que anda muy mal.

D. Conclusión

La conclusión lógica es que Agustín no inventó su nueva teología en el año 396 EC como nos han enseñado los eruditos, sino que lo inventó en el año 412 EC mientras luchaba contra los pelagianos. Si temporalmente extirpamos estas pequeñas secciones, *Simpl.*2.5–22 y *Lib. arb.*3.47–54, de entre su gran cantidad de obras, ya no quedaría absolutamente *nada* que pudiera demostrar que Agustín hizo la transición a su teología posterior en los años 396/7 EC. Estas dos secciones anómalas y contradictorias dentro de la extensión de la misma obra (*Simpl.*2.5–22 y *Lib. Arb.*3.47–54) coinciden con otras numerosas obras que Agustín mismo enmendó. Es decir, Agustín no dio ninguna indicación acerca de estas obras, de que las hubiera enmendado. Sencillamente coloca su teología nueva junto a la vieja sin cambiar sus escritos anteriores. Además, en el transcurso del año 412 EC, Agustín lucha por dar a luz su nueva teología. Este proceso de "alumbramiento" se vislumbra cronológica y simultáneamente en sus obras, sermones y cartas.[18] Ahora podemos explorar cómo y por qué Agustín da a luz su nueva teología en el siguiente capítulo.

[18] Wilson, *Cómo Agustín se convirtió*, 215–240.

Capítulo 4
Cómo Agustín se convirtió al "libre albedrío no libre"

Cuando Roma cayó ante los vándalos en el año 410 EC, Pelagio y Celestio emigraron a las tierras donde vivía Agustín en el norte de África (hoy Túnez) instigando la infame controversia pelagiana.[1] Según la información que nos ha llegado, estos cristianos pelagianos estaban enseñando doctrinas que otras iglesias rechazaban. Por ejemplo, enseñaban que la caída de Adán fue un mero fracaso moral personal, por lo que cada humano que nace en este mundo permanece en el mismo estado que tuvo Adán cuando fue creado. Enseñaban que el ser humano no tiene un pecado original como lo definía la doctrina cristiana tradicional (o sea, una propensión a pecar, una debilidad moral y una muerte física obligatoria).[2] Pero los pelagianos no podían explicar por qué se bautizaban a los bebés.[3] Jerónimo, Agustín, y otros muchos líderes

---

[1] N. Joseph Torchia, Creatio Ex Nihilo and the Theology of St. Augustine: The Anti-Manichaean Polemic and Beyond (New York: Peter Lang, 1999), 239.

[2] David Weaver, "From Paul to Augustine: Romans 5:12 in Early Christian Exegesis," *St. Vladimir's Theological Quarterly* 27.3 (1983), 187-206 y "The Exegesis of Romans 5:12 Among the Greek Fathers and Implications for the Doctrine of Original Sin: The 5th-12th Centuries," 29.2 (1985), 154-6; Johannes van Oort, "Augustine on Sexual Concupiscence and Original Sin," *St.Patr.*22 (Louvain: Peeters, 1989), 261. Pero véase Alice Bonner, *The Myth of Pelagianism* British Academy Monographs (Oxford: Oxford University Press, 2018) que argumenta que Pelagio no se merece el estatus de hereje.

[3] Agustín hace un bosquejo de estos conceptos en *nat. et. gr.* 2, 6, 7, 10, 20,

cristianos atacaron estas posturas con tanta fuerza que al final los pelagianos fueron excomulgados por herejes.[4] Y sin embargo, queda aún la duda si el propio Pelagio realmente enseñaba aquello que se le atribuye. De hecho, en aquellos tiempos el término peyorativo "pelagiano" llegó a ser la manera más común de acusar (lo cual era una sentencia de muerte teológica) a cualquiera que enseñara una doctrina a la que pudiera oponerse otro obispo cristiano.[5]

A. El bautismo de bebés

Hubo una pregunta de importancia crítica que se mantuvo en primer plano durante todo el conflicto con los pelagianos. ¿Por qué existía en la Iglesia la tradición de bautizar a los bebés? Más de doscientos años antes, Tertuliano ya había hablado en contra del bautismo de bebés, señalando que cada niño debía esperar hasta que tuviera la edad suficiente para tomar su propia decisión.[6] Alrededor del año 405 EC, Agustín admitió que no sabía por qué se practicaba el bautismo de los bebés.[7] Durante

---

21, 47, 58.

[4] Inocencio respondió a la Epístola 176 que surgió del Concilio de Milevo, excomunicando a Celestio y a Pelagio.

[5] Bonner, *The Myth of Pelagianism*.

[6] Tertuliano, (*De bapt.*18): "El Señor dijo: 'No les prohibáis que vengan a mí'. Por lo tanto, que vengan cuando sean adolescentes, que 'vengan' mientras van aprendiendo, mientras aprenden a dónde pueden venir; ¡que se conviertan en cristianos cuando lleguen a ser capaces de conocer a Cristo! ¿Por qué se apresura la edad inocente a la remisión de pecados?"

[7] Agustín, *an.quant.*80: "En este contexto, también, ¿cuánto beneficio hay en la consagración de niños que son bebés? Es una cuestión muy dificultosa (velada, oscura). Sin embargo, se debe creer que existe algún beneficio. La razón lo descubrirá cuando se le pregunte."

veinticinco años, Agustín estuvo firmemente dentro de la doctrina cristiana tradicional de los primeros cuatro siglos, luchando contra los estoicos, los gnósticos y los maniqueos. Enseñaba que lo que determina la elección de las personas es la presciencia de Dios en cuanto al libre albedrío humano.[8] Pero todo esto cambió en el año 412 EC. Su gran conflicto teológico con Pelagio le llevó a Agustín a reconsiderar esta tradición, y le llevó a convertirse a su posterior postura: la PDUDEI.[9]

Comenzó su razonamiento con la tradición eclesiástica y luego progresó con la siguiente lógica:

1.) La iglesia bautiza a los bebés.

2.) El bautismo en agua sirve para perdonar los pecados y recibir al Espíritu Santo.

3.) Algunos padres cristianos corren al obispo llevando a sus bebés moribundos queriendo bautizarles, pero estos bebés mueren antes de que ocurra. En cambio, otros bebés, hijos de prostitutas, son abandonados en las calles y una virgen de la iglesia les lleva al obispo que les bautiza.

4.) Estos bebés no tienen ningún control en cuanto a si se les bautiza y reciben al Espíritu Santo para llegar a ser cristianos.

---

[8] James Swindal and Harry Gensler, *The Sheed and Ward Anthology of Catholic Philosophy* (Lewiston, NY: Sheed and Ward, 2005), 39–40. Swindal y Gensler reconocen que los pensadores patrísticos abrazaban el libre albedrío humano, pero no sabemos cómo no ven que Agustín, en su segunda fase, refuta aquello que habían defendido santos, obispos y presbíteros desde Justo Mártir e Ireneo. Y a la misma vez sí reconocen que el gnosticismo, que es el padre del maniqueísmo, "combinó elementos bíblicos, neoplatónicos y persas".

[9] Wilson, *Cómo Agustín se convirtió*; Ver también Henry Chadwick, *Early Christian Thought and the Classical Tradition* (Oxford: At the Clarendon Press, 1966), 110–11.

5.) Por ende, Dios tiene que predeterminar unilateral e incondicionalmente cuáles de los bebés están condenados y cuáles están justificados. Con el paso del tiempo, Agustín llegó a enseñar que incluso cuando "los ministros se preparaban para dar el bautismo a los bebés, todavía no se da, porque Dios escoge no darlo" (*Persev.* 31). O sea, por lógica, la elección de Dios debe ser incondicional ya que los bebés no tienen pecado personal, ni mérito, ni buenas obras, ni elección.

Como los bebés no tienen pecado personal, Agustín dedujo que sus bautismos para el perdón del pecado deben estar basados en la culpa que heredaron (*reatus*) del primer pecado de Adán. Hasta ese momento ningún autor cristiano había enseñado que los bebés fueran culpables ni que estuvieran condenados por el pecado de Adán, ni que el bautismo en agua fuera un requisito para la salvación.[10] Los bebés recién nacidos no eran culpables del pecado de Adán, aunque sufrían las consecuencias del pecado de Adán. A modo de comparación, el hijo de un recluso no es culpable del delito de su padre, pero sufre a causa de ese delito. En el libro de Job, Dios reprende a los amigos de Job por enseñar esta teología.[11]

---

[10] Esto incluye a Ambrosio, el mentor de Agustín, que enseñaba la postura tradicional de la heredada propensión al pecado que mora en el cuerpo físico, pero sin *reatus* (o sea, culpabilidad, crimen, culpa). Ambrosio y otros habían usado la expresión *culpa,* un término más suave: (o sea, imperfección, malhacer, pecado, error). Henry Chadwick, *Saint Ambrose: On the Sacraments*, The Latin Text (London: Mowbray and Co., 1960; reprint, Chicago, IL: Loyola University Press, 1961), 74, fnt.3 y 136, fnt.6. Ver los siguientes escritos de Ambrosio: *de Poenitentia*, 1, *Ep.* 41.7, and *de Mysteriis* 6. Cf., Wilson, *Cómo Agustín se convirtió*; *Oxford Latin Dictionary*, s.v, "*reatus*" y "*culpa*"; *Dictionary of Ecclesiastical Latin*, s.v. "*reatus*" and "*culpa.*"

[11] Una persona que sufre dificultades, dolor o desastres debe haber pecado, y

La teodicea de Agustín (una defensa que reivindica a Dios ante la presencia del mal), con sus ideas de microgestión providencial estoica, también exige que justa y merecidamente, cada persona sufra castigo, dolor y pérdida a lo largo de su vida por causa de su pecado.[12] Si los bebés mueren, entonces debe ser que ellos mismos son culpables y deben ser condenados por la culpa de ese pecado. Esto se llama la teología de retribución directa. No hay muchos teólogos que compartan esta postura. De hecho, incluso Agustín reconoce:

> Soy muy consciente de la gran problemática que contiene esta cuestión, y reconozco que mis poderes no son suficientes para llegar al fondo de la misma. Aquí también me gusta exclamar con Pablo: *¡Oh, las profundidades de las riquezas!* (Ro 11:33). Los bebés no bautizados van a la condenación. Al fin y al cabo, son como dicen las palabras de los apóstoles: *de uno a condenación* (Ro 5:16). No puedo encontrar ninguna explicación que sea satisfactoria y digna... [y cita todo Ro 11:33-36] (*s*.294.7).[13]

Agustín pudo afirmar sinceramente que no estaba enseñando maniqueísmo puesto que había inventado una sutil distinción. Los maniqueos condenaban eternamente a los recién nacidos en base a la naturaleza creada (la materia física es mala). Agustín condena eternamente a los recién nacidos en base a la naturaleza caída (el pecado de Adán). Agustín intentó de esta manera evitarle al Dios cristiano la chocante acusación que él mismo había hecho contra los maniqueos: que Dios condena a los recién nacidos que él mismo ha creado con una naturaleza mala incapaz de hacer lo bueno (*Fausto* 22.22). Pero en la

---

Dios le está castigando (como dijeron los "amigos" de Job).

[12] Chadwick, *Augustine*, 109.

[13] Edmund Hill, O.P., *The Works of Saint Augustine: A New Translation for the 21st Century*, Sermons III/8, Sermon 294 (Hyde Park, NY: New City Press, 1994), 184. ¡Agustín invierte la exclamación de alabanza del apóstol Pablo por la misericordia inmerecida de Dios, y la convierte en alabanza a su Dios [maniqueo] por su inmerecida condenación eterna de bebés inocentes!

providencia estoica de Agustín, Dios había ordenado que Adán pecara, lo que resultó en una naturaleza caída incapaz de escoger lo bueno. O sea, ya sea por naturaleza creada o por naturaleza caída, los seres humanos recién nacidos siguen condenados por naturaleza, condenados sin elección personal alguna en cuanto a sus moradas eternas. Estos cambios son los primeros pasos que tomó Agustín hacia la depravación total y la elección incondicional (Nota del traductor: En inglés existe la palabra TULIP. Significa "tulipán" y cada letra representa una de las bases del sistema calvinista moderno. La primera es la "T" de depravación total. La segunda es la "U" de elección incondicional). Hasta ese momento ni un solo autor cristiano había enseñado esta teología.

B. Las filosofías estoicas y maniqueas

Fue Agustín el que metió en el cristianismo los siguientes conceptos maniqueos: la incapacidad total (los bebés no pueden escoger), el pecado condena al nacer y la elección incondicional (Dios escoge unilateralmente). Esta deducción por lógica en cuanto al bautismo de los bebés luego se extrae y se traslada a las personas adultas: No es necesario que el ser humano escoja. Hemos de tener en cuenta que la base de este argumento lógico es el supuesto poder salvífico del bautismo en agua para un bebé, combinado con la filosofía estoica del control meticuloso divino de todos los eventos. No ha sobrevivido ni un solo escrito cristiano anterior a esta época que enseñe estas tres ideas paganas.

Agustín reconoció que había abandonado la ya antiquísima doctrina cristiana de la libre elección humana.[14] "Para solucionar esta cuestión

---

[14] William Babcock, s.v. "Sin" en *The Encyclopedia of Early Christianity*, 2nd edn., Everett Ferguson, ed. (New York, NY: Routledge, 1998): "También se podría representar hablando (como lo hizo Agustín, en lo que fue una ruptura

luché a favor de la libre elección de la voluntad, pero ganó la gracia de Dios". (*Retr.*2.1). "Cuando comencé mis libros sobre la Libre Elección [3.68]... todavía dudaba de la condena de los bebés que no nacen de nuevo [no recibieron el bautismo]" (*pers.*30) y "antes de que surgiera esta herejía [el pelagianismo], no habían tenido la necesidad de tratar con esta cuestión, tan difícil de resolver. Sin duda lo habrían hecho si se hubieran visto obligados a responder a tales hombres". (*pers.*2.4; *pred.*44). El famoso erudito Pelikan lamentaba con toda razón que Agustín rechazara la teología cristiana tradicional y la débil excusa que dio Agustín por haberlo rechazado.[15]

Agustín intentó usar la "persuasión divina"[16] como medio para no rechazar aquella defensa tradicional del libre albedrío que habían hecho todos los autores cristianos contra el estoicismo y el maniqueísmo. De los autores que enseñaron y escribieron sobre el tema (que conozcamos por los escritos que han sobrevivido hasta ahora), más de cincuenta autores desde el año 95 EC hasta 412 EC apoyaban y defendían esta visión cristiana de la libre elección contra los estoicos, los gnósticos y los maniqueos.[17] Para ellos, la elección de Dios era según la presciencia de

---

significativa con la tradición anterior) de la voluntad humana dañada y de la viciación de la naturaleza humana, después del pecado de Adán, cuyo resultado es que los seres humanos, por si solos, ya no son capaces de decidir ni hacer el bien (*Nat. et Grat.* y los escritos antipelagianos...)".

[15] Jaroslav Pelikan, *The Christian Tradition: A History of the Development of Doctrine*, vol. 1 (Chicago, IL: University of Chicago Press, 1971–1989), 278–280, esp. 280.

[16] La persuasión no es posible. Una voluntad muerta no se puede persuadir. Debe ser despertada unilateralmente de la muerte. Agustín lucha por mantener sus innovaciones dentro del marco de las enseñanzas cristianas.

[17] Ibid. Además de todas las fuentes primarias enumeradas en mi tesis, ver

Dios (cf. 1 Pe. 1:2),[18] como Agustín mismo había enseñado durante décadas.[19] Para evitar una transgresión contra siglos de enseñanza

---

también Hall (1979), 42; Glenn Hinson, "Justin Martyr" e "Irenaeus," en Lindsay Jones, ed. *Encyclopedia of Religion*, 2nd edn. (2005), 5043–5045 y 4538–4541; Antonio Orbe, *Antropologia de San Ireneo* (Madrid: Biblioteca de Autores Cristianos, 1969), 296–7; Bernard Sesboüé, Irenäus von Lyon: "Mann der Kirche und Lehrer der Kirche," en Johannes Arnold, Rainer Berndt SJ, and Ralf Stammberger, eds. *Väter der Kirche Ekklesiales Denken von den Anfängen bis in die Neuzeit* (Zürich: Ferdinand Schöningh, 2004), 105; William Floyd, *Clement of Alexandria's Treatment of the Problem of Evil* (Oxford: Oxford University Press, 1971), 28 (cf., *Strom.*1.34, 6.4, 6.7); Eric Osborne, *Tertullian, First Theologian of the West* (Cambridge: Cambridge University Press, 1997), 100; Joseph O'Leary, "Grace," en John McGuckin, ed. *The Westminster Handbook to Origen* (Louisville, KY: Westminster John Knox Press, 2004), 115 (cf., *C.Cels.*6.55); McIntire (2005), "Free Will and Predestination: Christian Concepts"; Williams (1927), 297; John N.D. Kelly, *Early Christian Doctrines* (New York, NY: Harper and Row, 1960; repr. London: Continuum, 2004), 149; Verna Harrison, *Grace and Human Freedom According to St. Gregory of Nyssa* (Lampeter: Edwin Mellen Press, 1992), 130–31; Martin Streck, *Das schönste Gut: Der menschliche Wille bei Nemesius von Emesa und Gregor von Nyssa* (Göttingen: Vandenhoeck and Ruprecht, 2005), 173,180–82; Moxon (1922), 40; Henry Chadwick, *Saint Ambrose: On the Sacraments*, The Latin Text (London: Mowbray and Co., 1960; repr. Chicago: Loyola University Press, 1960), 136, fnt.6; Blowers (1999), "Original Sin."

[18] Nótese el sesgo de BDAG (3rd edn.) al considerar κατά en el versículo 3, y dice que significa "a causa de" sin aceptar lo mismo en el κατά del versículo 2 (v.2). *A Greek-English Lexicon of the New Testament and Other Early Christian Literature*, Third edition, rev. and ed. by Frederick Danker (Chicago, IL: University of Chicago Press, 2000), κατά. B.a.5.δ. "A menudo la norma y la razón resultan ser lo mismo, de modo que se unen *de acuerdo con* y *a causa de*…1 Pe. 1.3."

cristiana sobre el libre albedrío, Agustín simplemente redefinió el concepto del libre albedrío. Llegó a la conclusión de que Dios tiene que microgestionar y manipular las circunstancias que garantizarían que una persona respondería "libremente" a la invitación del llamado de Dios a la vida eterna.[20] Por ende, su Dios tenía que dar fe y regeneración para liberar la voluntad (una "voluntad liberada") para que los humanos pudieran elegir el bien. Su nuevo Dios también organizaba las circunstancias para garantizar que sus elegidos respondieran correctamente a su gracia. Un milenio más tarde, los calvinistas se referirían a esto como "la gracia irresistible" (Nota del traductor: Esta es la "I" en las siglas TULIP en inglés del sistema calvinista).

Muchos años antes de Agustín, el estadista romano Cicerón (*ca.*50 AEC) y numerosos filósofos habían argumentado que la presciencia divina y el libre albedrío humano eran incompatibles. No pueden coexistir. Pero Agustín refutó esto (*ciu.*5), alegando que la presciencia divina del futuro ocurre porque Dios había predeterminado tanto lo bueno como lo malo (*ordo*), un concepto común en el estoicismo, pero ausente

---

[19] Wetzel, "Simplicianum, Ad": "Hasta tiempos tan tardíos como la primera parte de *Ad Simplicianum*, Agustín descansa seguro en su creencia de que le toca a la libre elección de una persona el buscar la ayuda del liberador divino, sin importar cuán debilitante se haya vuelto la adicción al pecado (1.1.14)" Cf., Lenka Karfíková, *Grace and the Will according to Augustine* (Leiden: Brill, 2012), 7-61; Brown, *Augustine of Hippo,* 141–2; Marianne Djuth, "Will," en Allan D. Fitzgerald, ed. *Augustine Through the Ages*: *An Encyclopedia* (Grand Rapids, MI: Eerdmans, 1999), 883; Augustine, *83Div.Q* 68.3 y *Gen.c.Man.*1.6.

[20] Patout Burns, "From Persuasion to Predestination: Augustine on Freedom in Rational Creatures" en P. Blowers, et al., eds. En *Dominico Elquio, in Lordly Eloquence: Essays on Patristic Exegesis in Honour of Robert Louis Wilken* (Cambridge: Eerdmans, 2002), 307.

en la filosofía platónica de Cicerón (*Sobre la adivinación*) y el cristianismo. Ahora Agustín enseña "Dios preordena las voluntades humanas".[21] Pero Orígenes (*ca.*250) había hecho una clara diferenciación entre la presciencia del Dios cristiano y la anterior presciencia divina pagana: la presciencia de Dios no es causal (*Com.Rom.*7.8.7). Esta vital distinción permite la libre elección humana.

C. El regalo de la perseverancia y la expiación discriminatoria

Muchos años después surgió otra doctrina novedosa: la perseverancia de los santos. Algunos bebés que habían recibido el bautismo se convertirían en cristianos adultos piadosos, pero otros bebés, también bautizados, se apartarían de la fe y vivirían vidas inmorales. Dado que por el bautismo ambos bebés poseían el Espíritu Santo, ¿cómo explicar la diferencia? Agustín concluyó (usando la lógica, la de su sistema) que Dios debe dar un segundo don de gracia: la perseverancia. Dios da el don de la perseverancia solo a unos pocos niños que reciben el bautismo.[22] Sin este segundo don de gracia, un cristiano bautizado con el Espíritu Santo no puede perseverar y en el último caso no será salvo.[23]

En el calvinismo moderno, esta es la "P" de la perseverancia de los santos. Pero hemos de notar que esta perseverancia difiere significativamente de la teología de Agustín. Para él, no todos los cristianos verdaderos perseveran en la fe y en las buenas obras. Según su prisma, Agustín creía que los bebés bautizados, que habían recibido el

[21] Christopher Kirwan, *Augustine* en The Arguments of the Philosophers (New York, NY: Routledge, 1989), 98–103.

[22] Augustine, (*persev.*1, 9–12, 21, 41); Peter Burnell, *The Augustinian Person* (Washington, DC: The Catholic University of America Press, 2005), 85–86.

[23] Agustín, *corrept.*18.

Espíritu Santo y habían sido regenerados, podrían apartarse de la fe si Dios no daba el segundo don, el don de la perseverancia. Este segundo don de la perseverancia fue fruto inventivo de la lógica de Agustín. Y la concibió con el único propósito de explicar el problema de aquellos cristianos que no perseveraban a pesar de tener el Espíritu Santo.

Esto a su vez le llevó a otro cambio doctrinal. Anteriormente en el año 411 EC, Agustín estaba aferrado a la doctrina cristiana tradicional de la "expiación" (propiciación): que Dios amaba y Cristo había muerto por el mundo entero. "¿Quién de hecho puede dudar de que en el término *mundo* están indicadas todas las personas que entran al mundo por haber nacido?" (*Pecc. merit.*1.26; cf., *conf.*6.7-8). Pero después de incorporar su maniqueísmo gnóstico dentro del cristianismo, Agustín intentó durante una década dar al menos cinco respuestas, tratando de explicar 1 Tim. 2:4, "el cual quiere que todos los hombres sean salvos y vengan al pleno conocimiento de la verdad", en cuanto al alcance del sacrificio redentor de Cristo.[24] Su premisa principal era la idea pagana de que Dios recibe todo lo que desea. Esta es una variante del error filosófico conocido como el "error McEar".[25] Ahora Agustín enseña el siguiente error: la

---

[24] Alexander Hwang, "Augustine's Various Interpretations of 1 Tim. 2:4," *St.Patr.*43 (2006), 137–42.

[25] Quizás fue William de Ockham (ca. 1340) el que explicó el error "McEar" por primera vez, contra la definición inadecuada o problemática de la palabra 'omnipotencia'. La variante anterior del error de Agustín concluye que la omnipotencia necesariamente resulta en que Dios reciba todo lo que desea. Ver Leftow (2009), 168, donde saca a la luz este error McEar, mostrando que surge del elemento "voluntad" de Agustín; cf., John Rist, *Augustine: Ancient Thought Baptized* (Cambridge: Cambridge University Press, 1994), 272, 286; Richard La Croix. "The impossibility of defining 'omnipotence'." *Philosophical Studies* 32.2 (1977): 181–190; Alvin Plantinga. *God and other minds: a study of the rational*

omnipotencia (estoica y neoplatónica) está haciendo aquello que el Uno desea. Esto garantiza que todo lo que ocurre es precisamente la voluntad del Todopoderoso y, por lo tanto, ineludiblemente debe ocurrir (*s.*214.4).[26] Concluyó (utilizando su lógica) que, como Dios consigue todo lo que quiere, Dios no puede desear que todas las personas sean salvas. Si Dios deseara tal cosa, cada ser humano se salvaría. Chadwick, experto en patrística de Oxford, concluye que, como el Dios de Agustín no lo desea y se niega a salvar a todas las personas, Agustín elevó la soberanía de Dios hasta ser absoluta y la justicia de Dios quedó pisoteada.[27] El Dios cristiano de amor y de justicia equitativa para todos, fue sustituido por un Dios estoico totalmente consumido con el poder absoluto. Ya que este Dios estoico no desperdicia ni causalidad ni energía, esto también requería por lógica que Cristo no pudiera haber muerto por aquellas personas que nunca serían salvas. Por ende, Cristo debe haber muerto solo por los elegidos, ya que Dios no desperdicia ni causalidad ni energía.[28]

---

justification of belief in God (Ithaca, NY: Cornell University Press, 1967), 170; Edward Wierenga, "Omnipotence defined," *Philosophy and Phenomenological Research* 43.3 (1983): 363-–375 and *The Nature of God: An Inquiry into Divine Attributes* in Cornell Studies in the Philosophy of Religion (Ithaca, NY: Cornell University Press, 2003), Chapter 1.

[26] Augustine, (*symb.*2): "Él hace lo que quiere: eso es omnipotencia [por definición]. Él hace el bien que desea, lo que desea con justicia, pero, aquello que sea maldad, no lo hace. Nadie se resiste al Omnipotente, ni deja de hacer lo que Dios quiere".

[27] Henry Chadwick, "Freedom and Necessity in Early Christian Thought About God" in David Tracy and Nicholas Lash, eds. *Cosmology and Theology*. (Edinburgh: T & T Clark Ltd, 1983), 8–13.

[28] Véase Donato Ogliari, *Gratia et Certamen: The Relationship between Grace and Free Will in the Discussion of Augustine with the so-called Semipelagians* (Leuven: University Press, 2003).

Esta es la "L" en la expiación limitada del TULIP (las siglas en inglés) del calvinismo. Cristo no murió por los pecados de todo el mundo, sino solamente por todos los elegidos alrededor del mundo entero. Los autores anteriores a Agustín enseñaban que Cristo había muerto por cada persona en el mundo, pero solo a aquellos elegidos que creían en Cristo se les perdonaba los pecados.

Finalmente, por primera vez en su corpus masivo, Agustín afirma que la perseverancia de un cristiano en la fe y en las buenas obras es don de Dios (*corrept.*10). Llega a esta conclusión final sacando 1 Co 4:7 desde su contexto.[29] En *corrept.*16, primero postula que todos los "verdaderos elegidos" perseveran ineludiblemente. Por lo tanto, una persona puede ser genuinamente regenerada y recibir el Espíritu Santo, pero ser condenada al infierno al no recibir de parte de Dios el don adicional necesario de la perseverancia (*corrept.*18). Irónicamente, Agustín exclama astutamente que esto le deja estupefacto. Agustín también vuelve a la interpretación gnóstica/maniquea de Romanos 11:33. Luego utiliza Flp. 1:6 como texto de prueba, sacándolo completamente fuera del contexto de la confianza que tenía Pablo de que los filipenses continuarían su comunión/compañerismo en el evangelio a través de las contribuciones financieras que le mandaban.[30] A pesar de este abuso del contexto de Flp.

---

[29] Con la pregunta: "¿Y qué tienes que no hayas recibido?" Pablo reprende a los creyentes por su orgullo que se jacta en las habilidades humanas, y que crea rivalidades en lugar de darle crédito a Dios por los dones espirituales que les ha dado. Cf., John Barclay, "1 Corinthians" en *The Oxford Bible Commentary*, John Barton and John Muddiman, eds. (Oxford: Oxford University Press, 2001), 1115. Agustín vuelve al maniqueismo gnóstico: Dios regenera al ser humano dándole la fe inicial.

[30] David Black, *Linguistics for Students of New Testament Greek*, 2nd edn. (Grand Rapids, MI: Baker Books, 1995), 177–8. Tenemos que comparar Flp.

1:6, Agustín proclama, "por este don no pueden dejar de perseverar" (*corrept.*34). Agustín utilizó este texto de prueba erróneo como su base para demostrar la veracidad de su recién descubierto "don divino de la perseverancia". Ya se han ubicado las cinco piezas de la teología (TULIP) agustiniano calvinista.

D. Conclusión

Para Agustín, la "Providencia" permite o activamente impide el bautismo de los bebés, el cual trae salvación a esos bebés recién nacidos, que carecen de "voluntad" o elección alguna. Así pues, Agustín se vio obligado a reinterpretar el significado del bautismo de los bebés. Partiendo de una traducción errónea de Romanos 5:12, Agustín interpretó que el bautismo de un bebé le salva de la condenación eterna que recibió al nacer. También tuvo que resucitar la interpretación maniquea de la condenación espiritual debido al nacimiento físico, y convertirla en la condenación heredada por causa del pecado de Adán.

Agustín se convirtió de la libre elección cristiana tradicional a la Predeterminación Divina Unilateral pagana de los Destinos Eternos de los Individuos (PDUDEI). Ya que los bebés no tienen ni "voluntad" ni fe propia, lo que les salva es la fe de sus padres a la hora del bautismo (salvación eterna por representante apoderado). Dios determina unilateralmente a quién se le otorgará la salvación y a quién se le negará la salvación, ya sea interviniendo directamente para llevar al bebé exitosamente al obispo o activamente bloqueando el acceso de ese bebé a

---

4:10–20 (al final de la carta), donde la buena obra de apoyo financiero coincide con Flp. 1:5 (al principio de la carta) donde Pablo habla de que confía que continuará la comunión en el evangelio. Nada de esto sugiere que hable de la vida eterna o perseverancia.

la pila bautismal. Los pilares fundamentales de su novedosa teología fueron el bautismo de un bebé para la salvación de la condenación eterna, y la Providencia estoica que ayuda o bloquea ese bautismo.

En el momento que Agustín tomó prestada la depravación total (T, incapacidad para responder) y la elección incondicional (U, no se permite la elección humana) de sus anteriores compatriotas religiosos y filosóficos, el resto de su sistema (TULIP) se desarrolló de manera lógica. Nos debería dejar atónitos la manera en que nació la novedosa teología de Agustín. La gracia irresistible era una doctrina maniquea. Agustín inventó el don de la perseverancia como un segundo regalo de Dios para explicar el problema de aquellos cristianos que se apartan de la fe. En su teología, nunca se garantiza la perseverancia de cada cristiano "verdadero". Dios ya no ama a todos los humanos lo suficiente como para que Cristo muriera a favor de ellos. Así como los maniqueos, ahora Dios solo ama a los elegidos. Habiendo completado su teología novedosa (nueva para el cristianismo), ahora podemos explorar los pasajes bíblicos que usó Agustín para defender su sistema teológico (TULIP).

Capítulo 5
Agustín volvió a las interpretaciones maniqueas de las Escrituras

Agustín usó las escrituras cristianas para probar la veracidad de sus nuevas doctrinas. Pero desgraciadamente, utilizó interpretaciones maniqueas, las mismas interpretaciones que previamente había refutado como heréticas después de convertirse en cristiano. Ahora vuelve a sus verdades maniqueas.

A. Las interpretaciones deterministas de los maniqueos

Los maniqueos gnósticos utilizaban pasajes como Juan 6:65, 14:6 y Efesios 2:1–9 como textos de prueba para demostrar la elección incondicional en contra de la libre elección cristiana. Fortunato el maniqueo había citado Ef. 2:8–9 como evidencia de que la fe inicial es un regalo de Dios por gracia (PDUDEI).[1] Pero Agustín con razón había atacado este error: "Yo digo que no es pecado, si no se comete por voluntad propia; por lo tanto, también hay recompensa, puesto que por nuestra propia voluntad hacemos lo bueno" (*c.Fort.*21).

Agustín había refutado estas ideas paganas hasta el año 412 EC. Fue entonces que volvió a retomar las interpretaciones maniqueas en contra

---

[1] Basílides el gnóstico fue el primer escritor "cristiano" que afirmara (según los escritos que han sobrevivido) que la fe en sí misma es un don de Dios en lugar de una respuesta humana. Clemente de Alejandría refutó sus afirmaciones *ca.*190 (*Strom.*2.3–4; cp., *Strom.*4.11, *Quis Dives Salvetur*, 10).

de todos los autores cristianos que había habido en el pasado. Ningún autor cristiano había citado Salmo 51:5 para demostrar la separación de Dios en el momento del nacimiento físico (la cual es una doctrina maniquea) hasta que Agustín lo usó para convertir el pecado original tradicional (propensión al pecado, debilidad moral y muerte física) en el pecado original agustiniano (se hereda el pecado y la culpa de Adán produciendo así la condenación al nacer y la incapacidad espiritual total).[2]

En el año 395 EC, Agustín defendía la interpretación tradicional de Romanos 5:12, "Por tanto, tal como el pecado entró en el mundo por un hombre, y la muerte por el pecado, así también la muerte se extendió a todos los hombres, porque todos pecaron" (LBLA). Esto le permitió omitir Ro. 5:12 de su comentario sobre Romanos, como si no tuviera ninguna importancia. No era necesario hacer comentarios. De hecho, su libro *En cuanto al libre albedrío* afirma:

---

[2] Se puede ver que Sal. 51:5 es una hipérbole al compararlo con Sal. 58:3. "Los malvados se extravían del útero, se equivocan desde su nacimiento y dicen mentiras" (LBLA). Los bebés recién nacidos no pueden hablar mentiras, ni siquiera pueden hablar. Al combatir contra paganos y gnósticos, Orígenes específicamente citó Sal. 51, pero negó que al nacer hubiera culpa alguna por el pecado de Adán (*C.Cels.*7.50), aunque enseña que la naturaleza pecaminosa (*genuinae sordes peccati*) entra por medio del nacimiento físico (*Hom.Lev.*8.3, 12.4; *Com.Rom.*5.9; *C.Cels.*7.50). Cf., Wilson, *Cómo Agustín se convirtió*, 311–16, donde Horacio (cuyas obras Agustín había leído, *c.mend.*28; *s.*2.6; *ep.*1.7), utilizó una hipérbole para expresar la omnipresencia de los vicios humanos, especialmente empezando cuando nace un bebé (*Serm.Q.Hoarti Flacci* 1.68: «nam vitiis nemo sine nascitur», "Puesto que nadie nace sin vicios/faltas". Los primeros cristianos también habían usado Sal. 51:4 para demostrar la depravación humana pero no la depravación total (la incapacidad de responder a Dios a causa de la culpa heredada y la pérdida del libre albedrío).

> Pero también lo usamos para hablar de la naturaleza con la que nacemos como mortales, aquella naturaleza ignorante y sujeta a la carne, la cual es realmente la pena del pecado. En este sentido, el apóstol dice: "También éramos por naturaleza hijos de ira, incluso como otros". [55]... Pero si alguno de los miembros de la raza de Adán tuviera la voluntad de volverse hacia Dios, y así vencer el castigo que mereció el alejamiento original de Dios, era apropiado no solo que no se le obstaculizara, sino que se le otorgara ayuda divina. De esta manera, el Creador también mostró con qué facilidad el hombre podría haber retenido, si así lo hubiera querido, la naturaleza con la que fue creado, porque su descendencia tenía el poder de trascender aquello en lo que había nacido. (*De Libero Arbitrio* 3.54–55)[3]

Después del año 411 EC, la teología de Agustín está empapada de su postura maniquea de la culpa heredada al nacer, su visión estoica de la microgestión de la Providencia. Y todo bebé está condenado al nacer por elección unilateral divina (*Pecc.mer.*1.29-30).[4]

Pero había un problema: el cristianismo requería fe personal para la regeneración bautismal. Así que Agustín utilizó un enfoque que combinaba el determinismo estoico con la doctrina cristiana. Inventó una salvación por representante apoderado, mediante el cual una persona puede creer por otra, de modo que el bebé, que va a recibir el bautismo, no necesita creer en Cristo. "De hecho, no hay ni un hombre entre los fieles, que dudaría en llamar creyentes a esos bebés simplemente por la circunstancia de que tal designación se deriva del acto de creer; porque, aunque son incapaces de tal acto por sí mismos, otros son sus patrocinadores a favor de ellos en los sacramentos" (*Pecc.mer.*1.38). Ya no era necesaria una fe personal.

---

[3] Hay que tener en cuenta que esta sección 3.55 es la original y no fue enmendada ya que Agustín se detuvo en 3.54.

[4] Johannes van Oort, "Augustine on sexual concupiscence and original sin," *St.Patr.*22 (1989): 382–86.

> Y así, incluso si esa fe que se encuentra en la voluntad de los creyentes no hace que un pequeño sea creyente, el sacramento de la fe misma [bautismo], sin embargo, ahora hace que sea así. Porque, igual como se responde que el pequeño cree, en ese sentido también se le llama creyente, no porque asienta a la realidad con su mente, sino porque recibe el sacramento de esa realidad (*ep.*98.10).[5]

El erudito agustiniano Bonner escribió: "Se ha observado que Agustín apeló a una cantidad notablemente limitada de textos para fundamentar esta doctrina del Pecado Original: Sal. 50:7 [51:5 EW]; Job 14:4-5; Juan 3:5; Efesios 2:3; Romanos 5:12".[6] Agustín inventó su nueva doctrina y después recabó estos pasajes de prueba.

B. Juan 3:5 y Romanos 5:12

"Jesús respondió: En verdad, en verdad te digo que el que no nace de agua y del Espíritu no puede entrar en el reino de Dios". (Juan 3:5, LBLA). Este versículo se convirtió en su fundamento más esencial. En el año 420 EC, llegó a usarlo como primera defensa bíblica para defender el poder salvífico del bautismo en agua para los bebés. (*Nat. Orig.*1.1). Antes de este cambio, Agustín había enseñado que el ladrón en la cruz no necesitaba bautizarse para salvarse, ya que la fe es la que trae salvación. "Al ladrón que creyó se le imputó el bautismo, y aquello que no podía recibir en su cuerpo crucificado sí fue aceptable en un alma sin cadenas, así es como fue dado el Espíritu Santo de manera oculta antes de la glorificación del Señor" (*Div. Quaest.*62). Alrededor del año 400 EC, en *Bapt.* 4.10 Agustín escribió con el mismo sentir: "'La fe viene del

[5] Traducción por Roland Teske, S.J., *The Works of Saint Augustine: A Translation of the 21st Century*, Letters 1–99, II.1 (Hyde Park, NY: New City Press, 2001), 432.

[6] Gerald Bonner, "Augustine, the Bible and the Pelagians," en Pamela Bright, editora y traductora. *Augustine and the Bible* (Notre Dame, IN: University of Notre Dame Press, 1999) 231–232.

corazón para justicia, pero la confesión se hace con la boca para salvación' [Ro. 10:10], y aquella fe es evidente en ese ladrón aparte incluso del sacramento visible del bautismo". Agustín, ya anciano, tuvo que retractarse de su primera enseñanza y declararla errónea (*Retract.* 1.26), ya que contradecía su requisito posterior al año 411 CE de recibir el bautismo en agua para eliminar el *reatus* (culpa) de la concupiscencia (la propensión al pecado) heredada de Adán que condena. Para evitar la vergüenza de su retractación y justificar su nuevo requisito para el bautismo en agua, inventó la idea de que el ladrón había sido "bautizado" cuando por el golpe de la lanza le salpicó la mismísima sangre y agua de Cristo.

No obstante, el erudito católico Redmond duda que sea legítima la interpretación de Agustín. Duda que Juan 3:5 tenga algo que ver con el bautismo de agua.[7] Además, Hill, erudito católico agustiniano, destapa la problemática de su lógica, "los bebés que mueren sin ser bautizados por ende van al infierno. Agustín asumió que la única manera que tienen los bebés de conseguir la gracia liberadora de Dios es el bautismo de agua. Y esta suposición es precisamente la que debilita todo su argumento y pone

---

[7] Richard Redmond, "Infant Baptism: History and Pastoral Problems," *Theological Studies* 30 (March 1969): 79–89, esp. 84: "Porque, como dice Raymond Brown, Juan está centrado aquí en contrastar la carne y el espíritu... El negativo universal de este versículo, por lo tanto, no prueba la necesidad del bautismo de los bebés. Tampoco encontramos ninguna urgencia '*quamprimum*' en cuanto al bautismo, ya que, durante mucho tiempo en Roma, solamente se bautizaba en fechas señaladas como la Pascua y Pentecostés". El contexto aclara que el contraste radica entre el nacimiento físico versus el nacimiento espiritual. Decir que una madre "ha roto aguas", es una terminología común para el nacimiento físico incluso en nuestros tiempos modernos. El contexto no tiene nada que ver con el bautismo en agua.

en tela de juicio su conclusión, dejándola como altamente cuestionable".[8]

Romanos 5:12 fue un versículo críticamente importante: "Por tanto, tal como el pecado entró en el mundo por un hombre, y la muerte por el pecado, así también la muerte se extendió a todos los hombres, porque todos pecaron" (LBLA). La literatura académica contiene numerosas discusiones sobre el error en la traducción al latín de Ro. 5:12 "como en quien todos pecaron" (*in quo*), versus el griego del NT "porque todos pecaron" (ἐφ' ᾧ).[9] Si todo ser humano pecó en Adán (en quien) entonces todo ser humano es culpable al nacer.[10] Pero Agustín no supo griego hasta más tarde en su vida.[11] Él defendió como prueba definitiva esta traducción errónea después de haber inventado su nueva doctrina maniquea-cristiana: que cada ser humano, junto con toda la humanidad

---

[8] Edmund Hill, O.P., *The Works of Saint Augustine* (Sermon 294), 196.

[9] Bruce Harbert, "Romans 5:12: Old Latin and Vulgate in the Pelagian Controversy," *St.Patr.*22 (1989), 262; Philip Quinn, "Sin" in *Routledge Encyclopedia of Philosophy* (London: Routledge, 1998); G. Vandervelde, *Original Sin: Two Major Trends in Contemporary Roman Catholic Reinterpretation* (Amsterdam: Rodopi N.V., 1975), 22; David Weaver, "From Paul to Augustine: Romans 5:12 in Early Christian Exegesis," *St. Vladimir's Theological Quarterly* 27.3 (1983); Kelly, *Early Christian Doctrines*, 2nd edn., 181–2; Bradley Nassif, "Toward a 'catholic' Understanding of St. Augustine's View of Original Sin," *Union Seminary Quarterly Review* 39.4 (1984), 287–299, esp. 296; F.L. Cross and E.A. Livingstone, s.v., "Original Sin" in *The Oxford Dictionary of the Christian Church*, 3rd edn. (Oxford: Oxford University Press, 2005).

[10] Para una explicación más detallada, ver Wilson, *Cómo Agustín se convirtió*.

[11] Agustín reconoce que su conocimiento del griego es pobre (*c. litt. Pet.* 2.91), e interpretaba de manera dispar, pero esto se puede determinar, siguiendo una línea cronológica, a medida que mejora su conocimiento desde aproximadamente el año 400 y en las siguientes décadas (*PL* 43, 292).

condenada, está separado de Dios cuando nace, por la culpa que tiene del pecado de Adán.[12] La doctrina tradicional del pecado original con muerte *física* porque (ἐφ' ᾧ, puesto que) todos pecan, ahora se convierte en la doctrina agustiniana del pecado original con muerte *espiritual* heredado de Adán, en quien (*in quo*, en quien) todos pecan.[13] O sea, la interpretación tradicional de que todos mueren *físicamente* como consecuencia del pecado de Adán se transformó en la postura maniquea-agustiniana de que todos pecaron en Adán, y por lo tanto, todo ser humano está muerto espiritualmente, es culpable y está condenado desde que nace.

C. 1 Timoteo 2:4

Antes del año 412 EC, Agustín solo menciona 1 Tm. 2:4 una vez: "Dios nuestro Salvador, el cual quiere que todos los hombres sean salvos y vengan al pleno conocimiento de la verdad" (1 Tm. 2:3b-4, LBLA).[14] Los pelagianos asumían, supuestamente, que 1 Tm. 2:4 enseña que Dios da fe a todas las personas. Agustín refutó su error con facilidad, cambiando el texto que dice "Dios quiere" a "Dios provee oportunidad" (*Spir. et litt.*37-38). O sea, Dios realmente no desea la salvación de cada ser humano,

---

[12] William Mann, "Augustine on Evil and Original Sin," in *The Cambridge Companion to Augustine*, ed. Eleanore Stump and Norman Kretzmann (Cambridge, UK: Normal Publication, 2001), 47; Anthony Padovano, *Original Sin and Christian Anthropology* (Washington, DC: Corpus Books, 1967), 11.

[13] George Vandervelde. *Original Sin: Two Major Trends in Contemporary Roman Catholic Reinterpretation*. Amsterdam: Rodopi N.V., 1975), 5. Para una explicación más detallada, ver Wilson, *Cómo Agustín se convirtió*.

[14] *Exp. quaest. Rom.*74. Lo compara con amos en Ef. 6:6, posiblemente limitando la palabra 'todos' a las autoridades.

simplemente les brinda diversas oportunidades (desiguales). No fue hasta el año 414 EC (*ep.*149) que se cambia el sentido de 'todas' las personas para que signifique 'todo tipo/clase' de personas, y *S.*304.2 (417 EC) repite este concepto. No fue hasta el año 421 EC (*C. Jul.* 4.8.42) que Agustín llegó a alterar el texto para que significara que 'todos los que se salvan' son salvos por voluntad de Dios, lo cual repite al año siguiente (*Enchir.*97, 103). A muchas personas no se les puede salvar: "muchas no se salvan porque Dios en su voluntad decide no hacerlo" (*ep.*217.19). ¡Esto es inaudito! Agustín afirma que Dios hace que los cristianos deseen la salvación de aquellos que él ha condenado (*Corrept.*15, 47). Rist hábilmente identifica este pasaje como "el pasaje más patético".[15] En torno ya al año 429 EC, Agustín cita 1 Cor. 1:18 (pero agrega la palabra *esos* a 1 Tm. 2:4, "todos esos hombres"), luego redefine *todos* como *todos aquellos elegidos*, lo que da a entender un llamado irresistible de Dios. Durante un período de veinte años, Agustín utiliza cinco maneras diferentes de explicar este texto. Por lo tanto, en su análisis de la evolución interpretativa de Agustín en cuanto a 1 Tm. 2:4, Hwang concluye correctamente,

> Entonces ocurrió el cambio radical, provocado por el conflicto abierto y acalorado con los pelagianos. "Desea" adquirió cualidades absolutas e irresistibles, y se redujo el significado de "todos" a aquello predestinado. 1 Tm. 2:4 debe entenderse, entonces, como que Dios salva solo a los predestinados. Por lo que se ve, todos los demás no tienen nada que hacer (Nota del traductor: Aquí hay un juego de palabras en inglés, pues dice literalmente: "todos los demás no tienen ni una oración").[16]

---

[15] John Rist, "Augustine on Free Will and Predestination," en Robert Markus, ed. *Augustine: A Collection of Critical Essays* (New York, NY: Doubleday, 1972), 239.

[16] Hwang (2003), 137–142.

D. Juan 14:6 y 6:65

Fortunato el Maniqueo también citó Juan 14:6 para probar el determinismo unilateral, "Nadie puede venir al Padre sino por mí", ya que "Él escogió almas dignas de sí mismo por su propia santa voluntad... y estaban imbuidas de una fe" (*Fort.*3). Agustín defendió la postura cristiana burlándose del dios maniqueo, diciendo: "corrompido y absolutamente cansado, he perdido mi libre albedrío. Tú sabes la necesidad que me ha puesto en estrechez. ¿Por qué me culpas por las heridas que recibí?" (cf., *S.*12.5, *S.*100.3).

Agustín no cita estos versículos hasta después del año 412 EC, cuando usa las interpretaciones maniqueas para probar su nueva doctrina de la total incapacidad de la fe humana (*Grat.*10, *C. du. Ep. Pel.* 4.13–16, *ep.*186.38).

E. Salmo 51:5

"He aquí, yo nací en iniquidad, y en pecado me concibió mi madre" Salmo 51:5 (LBLA). Muchos escritores cristianos ya habían citado este texto en el sentido tradicional del pecado humano inevitable. Antes del año 412 EC, Agustín explicaba este versículo con el mismo sentir (por ejemplo, *Conf.*1.7; *Enar. Ps.*51.10). Su explicación temprana sigue la interpretación judía y cristiana primitiva de que "(Sal. 51:7; 50:7), sencillamente significa que todos los que nacen de una mujer se convierten en pecadores en este mundo, sin excepción".[17] La interpretación más maniquea de Agustín (los bebés nacen condenados por

[17] Herbert Haag, *Biblische Schopfungslehre und kirchliche Ersundenlehre*. Stuttgart: Katho-lisches Bibelwerk, 1966. *Is Original Sin in Scripture?* Traducido por Dorothy Thompson (New York, NY: Sheed and Ward, 1969), 106.

el pecado de Adán) aparece por primera vez en el año 412 EC en *Pecc. mérito* 1.34 y 3.13 (junto con Job 14:4 apoyando el bautismo de los bebés y la participación de los bebés en la Eucaristía). A partir de este momento, utiliza este texto de prueba constantemente (*Grat. Chr.*2.47, *Nupt. Et conc.* 2.50, *C. du. Ep. Pel.*4.4, *Gen. litt.*6.15 y *Enchir.*46), multiplicándose en *C. Jul.* cinco veces (1.9, 32 y 2.4, 5, 15) y siete veces en *C. Jul. imp.* (1.52, 59; 2.73; 3.110; 4.82, 90; 6.14).

F. Efesios 2:3 y 2:8-9

"Entre los cuales también todos nosotros en otro tiempo vivíamos en las pasiones de nuestra carne, satisfaciendo los deseos de la carne y de la mente, y éramos por naturaleza hijos de ira, lo mismo que los demás. . . . Porque por gracia habéis sido salvados por medio de la fe, y esto no de vosotros, *sino que es* don de Dios; no por obras, para que nadie se gloríe." Efesios 2:3, 8-9 (LBLA). Cuando Fortunato el maniqueo citó Ef. 2:3 y 2:8-10 como textos de prueba para el determinismo gnóstico, Agustín discrepó, diciendo que "claramente revela la libre elección" (*Fort.*17). Agustín argumentó que el contexto de Ef. 2:1–3 se refiere a pecados personales y no a la condenación por naturaleza. "Recuerda que el apóstol dijo que estábamos separados de Dios por nuestra manera de vivir". (*Fort.*18). Según la primera postura tradicional de Agustín, la ira de Dios no tenía como objetivo la naturaleza humana por nacimiento, sino el pecado personal, y lo demostró con Ef. 2:2 "en los cuales anduvisteis en otro tiempo". Después del año 412 EC, Agustín vuelve a la postura maniquea de Fortunato: "Así que los gemelos nacieron *hijos de ira por naturaleza* [Ef. 2:3]" (*Enchir.*98). Tal y como se podía predecir, *Pecc. merit.*1.29, 46 (cf., 2.15) Agustín introduce este versículo como texto de prueba, y luego lo utiliza constantemente para reforzar su afirmación de la doctrina de la total incapacidad innata heredada (*Nat. grat.*3, 81; *Perf.*3; *Grat. Chr.*1.55; *Nupt. et conc.*2.20; *C. du. ep. Pel.* 1.15, 3.4; *Fid. symb.*23; *C. Jul.*2.28, 3.33, 3.78; *Gen. litt.*9.17,10.21; *Enchir.*33, 98; *Cur.*2; *C. Jul. imp.*2.228, 3.11, 3.79, 4.124, 5.22). Ahora Agustín (después del año 411 EC) cree que los bebés nacen bajo ira y condenación que han heredado del pecado de Adán, y que como adultos no tienen la capacidad de responder a Dios.

En el año 413 EC, durante el *Sermón* 294.14, Agustín predicó, explicando Ef. 2:3 por primera vez a través del prisma de la versión completa del pecado original agustiniano (culpa que condena al nacer). Abandona su anterior postura cristiana tradicional de Ef. 2:3 (una naturaleza corrompida por el pecado personal; cf., *S.*D29.12 y *S.*400.5) por la postura maniquea de la naturaleza condenada al nacer. Pero ingeniosamente matizó dicha postura utilizando el término "nacido" en lugar de "creado" para evitar ser acusado de enseñar la doctrina maniquea de la condenación por naturaleza creada.

Fortunato también citó Ef. 2:8–9 como prueba definitiva de que la fe inicial es un regalo de Dios por gracia (*Fort.*16). Agustín se opuso (*Fort.*16–17). Nunca menciona la fe como regalo de Dios cuando cita Ef. 2:8–9 (e.g., *Virginit.*41, S.212.1) hasta después del año 411 EC.[18] La primera vez que Agustín defiende la interpretación maniquea se produce en *Spir. et litt.*56 (412 EC) donde desarrolla su argumento utilizando como base la obra que había escrito inmediatamente antes (*Pecc. mer.*). Afirma que, dado que es obviamente imposible que los recién nacidos tengan fe o crean (todavía no pueden entender para poder escoger), Dios, por lo tanto, les da la salvación a los recién nacidos a través de la fe de

[18] Ya que Agustín enmendó *Lib. arb.*3.47–54 y *Simpl.*2.6 después del año 412 EC, estas no son excepciones.

sus padres. Agustín ahora está enseñando la salvación por poder representativo. La fe de otra persona te puede salvar. Es de crítica importancia entender que el fundamento doctrinal de la nueva teología de Agustín se basa en la idea de que los bebés son salvos por el bautismo de agua.

G. Conclusión

En tiempos anteriores, Agustín se había burlado de los maniqueos. Les había dicho que habían inventado un dios que condenaba eternamente a las personas, aunque esas personas no tenían capacidad alguna ni de hacer el bien ni de escoger lo bueno (*Contra Faustas* 22.22). Agustín se convirtió nuevamente a una interpretación maniquea de Ef. 2:8, utilizándola como texto de prueba. En esta interpretación Dios regenera la voluntad muerta e infunde fe (*gr.et.lib.arb.*17). Agustín vuelve a su formación maniquea, con sus interpretaciones de múltiples pasajes bíblicos. Es difícil de creer, pero en el gran cambio de ideas que tuvo en el año 412 EC, Agustín aceptó la interpretación PDUDEI de Juan 14:6, que defendía Fortunato el maniqueo (*gr.et.lib.arb.*3-4,10) y Ef. 2:8-9 (*Fort.*16–17). Ahora acepta y enseña las mismas interpretaciones que previamente había refutado contra los maniqueos. La iglesia cristiana de los primeros siglos había contemplado que se creara precisamente esta situación. Por eso había prohibido (por política declarada) que nadie podía llegar a ser obispo que hubiera sido maniqueo o que estuviera acusado de albergar doctrinas maniqueas. Y por esto mismo Agustín (en su primera etapa) fue acusado de maniqueísmo antes de ser ordenado. Con el paso del tiempo, Agustín escribió múltiples obras en contra del maniqueísmo. Y los líderes de la iglesia llegaron a fiarse y convencerse (de manera prematura y en contra de la política de la iglesia) de que podían justificar la ordenación de Agustín como obispo.

Capítulo 6
Agustín enseñaba el determinismo como predestinación

A. El determinismo gnóstico y maniqueo

Ya antes del año 250 EC, los gnósticos y los herejes habían usado las Escrituras para justificar sus doctrinas no cristianas. Para demostrar su PDUDEI determinista, citaban versículos de los escritos cristianos (*P.Arch.*3.1.18–21) como Flp. 2:13, "porque Dios es quien obra en vosotros tanto el querer como el hacer, para *su* beneplácito." Los gnósticos también citaban Romanos 9:18-21.

> Así que del que quiere tiene misericordia, y al que quiere endurece. Me dirás entonces: ¿Por qué, pues, todavía reprocha *Dios*? Porque ¿quién resiste a su voluntad? Al contrario, ¿quién eres tú, oh hombre, que le contestas a Dios? ¿Dirá acaso el objeto modelado al que lo modela: por qué me hiciste así? ¿O no tiene el alfarero derecho sobre el barro de hacer de la misma masa un vaso para uso honorable y otro para uso ordinario? (Ro. 9:18–21, LBLA)

Los gnósticos habían utilizado Romanos 9-11 para demostrar su determinismo. Cambiaron el contexto que habla de las naciones y de los beneficios temporales por un contexto que habla de los destinos eternos de los individuos. Orígenes defendió este pasaje contra los herejes gnósticos (*P. Arch.*3.1.18, 21). Valentino, el "cristiano gnóstico" había enseñado que el mensaje de salvación se ofrece a todos, pero Dios solo ha dado la autorización a los elegidos (πνευματικοί, los espirituales que poseen partículas de Luz) para que acepten la invitación y reciban la salvación (*Ev. Ver.*11, 30–31; *Corp.Herm.*1.26).[1] Las enseñanzas maniqueas, que fueron la cumbre teológica del gnosticismo, utilizaban estas ideas gnósticas.

Y, sin embargo, jamás se ha presentado ninguna religión ni filosofía principal como defensora del determinismo absoluto. Dicho concepto es tan repugnante que hay la obligada necesidad de dar cierto lugar al "libre albedrío", aunque sea una libertad falsa. Fue precisamente así como los estoicos, los gnósticos y los maniqueos presentaban sus versiones del determinismo. Agustín mismo en tiempos pasados había acusado a los maniqueos de pasear por todos lados el cadáver de un "libre albedrío" destripado de su significado cristiano.[2]

---

[1] Albrecht Dihle, *The Theory of Will in Classical Antiquity* (Berkeley, CA: University of California Press, 1982), 151–4.

[2] Miembros de la facultad (y otros) tanto en Oxford como en Cambridge han dado esta advertencia: Tim Mawson, *Free Will: A Guide for the Perplexed* (London: The Continuum International Publishing Group, 2011); Linda Zagzebski, "Recent Work on Divine Foreknowledge and Free Will" en Robert Kane, ed., *The Oxford Handbook of Free Will* (Oxford: Oxford University Press, 2002), 45–64; Christopher Stead, *Philosophy in Christian Antiquity* (Cambridge: Cambridge University Press, 1994), 50–52; Eleonore Stump, "Augustine on free will" in Eleonore Stump and Norman Kretzman, eds. *The Cambridge Companion to Augustine* (Cambridge: Cambridge University Press, 2001), 142: "Al contrario, a menos que Agustín esté dispuesto a aceptar que la gracia de Dios responde a algo en los seres humanos, aunque ese algo no sea bueno ni digno de mérito, no veo cómo Agustín pueda salvarse de ser imputado con la acusación de determinismo teológico con todas sus infelices consecuencias". Estos escritos presentan una discusión perspicaz del determinismo encubierto que se disfraza de libre albedrío (lo que llamo pseudocompatibilismo).

B. El determinismo estoico y neoplatónico

Existe un vínculo inquebrantable entre la verdadera libre elección y la responsabilidad moral. Uno depende del otro. Aunque a los estoicos a veces se les clasifica como compatibilistas, ellos rechazaban esta postura de sentido común, puesto que enseñaban un "libre albedrío determinado" contradictorio. Para los estoicos, el Destino controla cada suceso diminuto en el universo en un imperativo moral (Cicerón, *Div.*1, 125-6). Aunque una persona no tenga la posibilidad de actuar ante una oportunidad, el "libre albedrío" se mantiene únicamente por definición (Cicerón, *Fat.*12–15).[3] Un erudito aclara correctamente, que incluso los estoicos, infames por su determinismo, "tomaban elaboradas precauciones para proteger su sistema de determinismo rígido".[4] Utilizaban matices sutiles. Filón, en su obra *En cuanto a la Providencia,* se apropia de la postura estoica. Otro famoso erudito afirma que si alguien lee solamente este tratado, pensaría que Filón era un determinista.[5] Winston identificó la visión de Filón como una "teoría de libre albedrío relativo que enseñaban los estoicos, y que a menudo se le caracteriza como 'compatibilismo'", pero Winston concluye que *no* era un libre albedrío genuino (sino más bien lo que yo llamo el "libre albedrío no libre" del estoicismo). La postura estoica de Filón se aleja de otras variedades más tradicionales dentro del judaísmo.[6]

[3] A. A. Long and D.N. Sedley, *The Hellenistic Philosophers*, vol. 2 (Cambridge: Cambridge University Press, 1987), 392–3; cf., Epictetus, *Disc.*1.1.7–12.

[4] Margaret E. Reesor, "Fate and Possibility in Early Stoic Philosophy," *Phoenix* 19.4 (1965): 285–297, especialmente 201.

[5] John Dillon, *The Middle Platonists: A Study of Platonism, 80 B.C. to AD 220* (London: Duckworth, 1977), 166ff.

[6] David Winston, "Chapter 13: Philo of Alexandria" en Lloyd P. Gerson, ed.

Plotino (el padre del neoplatonismo) también dice que rechaza una "Necesidad" exterior, y propone la teoría estoica de la libertad para que hagamos lo que queramos. Sin embargo, a la misma vez somete a los humanos al determinismo, ya que "la voluntad" ha sido subyugada por la iniquidad universal innata (*Enn.*III, 2.10). El mal produjo una caída que ha incapacitado totalmente al ser humano, aprisionándonos contra nuestras voluntades (*Enn.*I, 8.5). Entonces, al igual que el estoicismo, las almas no tienen ni libre albedrío genuino ni actúan por compulsión ajena (*Enn.* IV, 3.13). Somos libres de escoger solo lo que determina nuestra voluntad corrupta (derivada del estoicismo). Su postura sobre el voluntarismo (lo que hacemos por nuestra propia voluntad) solo requería que el acto no fuera forzado, que se hiciera con conocimiento y que fuéramos *kurioi* (amos, señores) del acto (*Enn.*VI, 8.1–4). Agustín, en su etapa posterior, incorporó todas estas teorías estoicas y neoplatónicas que ahora enseña el calvinismo.

Plotino también rechazó los relatos judíos y cristianos que decían que Adán había retenido la imagen de Dios (*imago Dei*) después de la caída. Creía que los humanos perdieron toda la imagen divina original, y que esa imagen solo se podía recuperar cuando alguien muere físicamente (*Enn.*I, 1.12; IV, 3.12; cf., postura posterior de Agustín). Copiando las ideas estoicas, uno solo puede lograr la verdadera libertad de su voluntad cuando (renunciando a los placeres y a las acciones) la *autexousion* (la autodeterminación/el poder) se vuelve totalmente dependiente del Uno (el Intelecto Divino, *Enn.*III, 3.19–21). Para Plotino, la Providencia controla cada detalle minúsculo del cosmos; sin embargo, el Uno (dios) proporciona una libertad limitada para ciertos eventos y personas debido

---

The Cambridge History of Philosophy in Late Antiquity (Cambridge: Cambridge University Press, 2010), 248, nota 13; Las analogías de Filón en *Sobre la Providencia* se parecen mucho a las analogías en Cicerón, *De Natura Deorum* II.

a "aquello que depende de nosotros", hecho posible *únicamente* por el Principio de la Razón que mora en el interior para producir el bien (*Enn.*III, 3.4-5; III, 2.9.1, II, 3.1.1). Todo lo bueno solo proviene del Uno.

Cuando a los neoplatonistas se les acusó de enseñar el determinismo estoico, protestaron y discreparon, hábilmente limitando el "determinismo" y el "Destino" a la astrología, pero seguían enseñando el "libre albedrío no libre". Una caída de "el Uno" deja a una persona totalmente incapacitada. Y esto produce una "voluntad malvada" y espiritualmente muerta. Para recuperar la libertad de elección, se requiere que se infunda divinamente el don del amor. El Alma Total (Espíritu) da el regalo del amor al alma de la persona, como el Espíritu que implanta el amor deseado (*Enn.*III.5.4). Sin embargo, la innata bondad del Uno (por definición) le exculpa de toda acusación de "injusticia" divina hacia aquellos humanos no escogidos por la deidad por PDUDEI neoplatónico.[7] Agustín incorporó todas estas ideas paganas en la posterior etapa de su teología.

Las limitaciones de esta obra no me permiten hacer un análisis más amplio de mi disertación en cuanto a dos posturas estoicas de Agustín: la "mala voluntad" humana, y las traducciones erróneas de Pro. 8:35 y Flp. 2:13 en el latín, que Agustín utilizó para corroborar sus afirmaciones.[8] Pero no soy el primer erudito que haya notado como Agustín dependía del estoicismo. El erudito Byers señala que "Agustín tiene una gran deuda con el estoicismo por su relato del 'yo dividido'".[9] Otro erudito

[7] Long and Sedley (1987), 342, 392.

[8] Por ejemplo, los otros cinco textos (Sal. 5:12, 68:13, 145:16 [LXX 5:13, 68:14, 144:16]; Sir. 15:15; Lu. 2:14), que contienen εὐδοκίας, se refieren a *favor, aceptación*, o *beneplácito*, no una "buena voluntad" en el sentido estoico para vivir justamente, un sentido que Agustín quiso inyectar en su reinterpretación de Flp. 2:13 (cf., *gr.et.pecc.or.*1.6; *ep.*217.8).

hace un resumen de cómo Agustín (en su etapa posterior) extrajo su premisa del estoicismo y del neoplatonismo, pero lo hace sin conocer ni dar crédito a esas fuentes: "Por lo tanto, aquella buena voluntad por la que alguien comienza a decidir creer es un don divino que proviene de algo externo a la voluntad".[10]

En la actualidad, el determinismo unilateral que esconde el calvinismo agustiniano, abraza los mismos tipos de defensa que utilizaban las fuentes paganas de Agustín. Agustín siguió las pautas de la defensa de Plotino: el destino debe involucrar la astrología; por ende, aquel destino que proviene de Dios no cuenta como destino. El erudito agustiniano TeSelle señala:

> Agustín siempre reaccionaba vigorosamente ante cualquier sugerencia de que él enseñara lo que equivale a una doctrina del *destino*. Ahora bien, es innegable que sí se aferraba a algo como lo que generalmente se entiende por destino... Para él, el destino significaba algo preciso: la doctrina de que los sucesos externos, las acciones corporales, incluso los pensamientos y las decisiones están determinados por la posición de los cuerpos celestiales (*C. duat ep Pel.,* II, 6,12), o expresado de manera más amplia, el determinismo material universal (*C. duat ep Pel.* II, 6,12; *De Civ. Dei.* IV.33, V.1,8).[11]

Agustín admitía que si alguien "utiliza el término `destino´ cuando se refiere a la voluntad de Dios o al poder mismo de Dios, que siga manteniendo su opinión pero que corrija su vocabulario". (*c.dua.ep.Pel.*1.2.4). Finalmente, el profesor Wolfson, historiador y

---

[9] Sara Byers, "Augustine on the 'Divided Self': Platonist or Stoic?" *Aug.Stud.*38:1 (2007) 105–118.

[10] Marianne Djuth, "Stoicism and Augustine's Doctrine of Human Freedom after 396" en Joseph C. Schnaubelt and Frederick Van Fleteren, eds. *Augustine: Second Founder of the Faith.* Collectanea Augustiniana (New York, NY: Peter Lang, 1990), 387–401.

[11] Eugene TeSelle, *Augustine the Theologian* (New York, NY: Herder and Herder, 1970; repr. Eugene, OR: Wipf and Stock Publishers, 2002), 313.

filósofo del Centro de Estudios Judaicos de la Universidad de Harvard, también llegó a la conclusión de que "la doctrina de la gracia de Agustín es solo una cristianización de la doctrina estoica del destino".[12]

C. Dios desea que todos sean salvos

La iglesia primitiva veía a Dios como el Dios que se relaciona y que responde a las decisiones humanas. El Dios cristiano incorpora las decisiones humanas (según su presciencia) en sus profecías y planes. Wallace identifica correctamente que los primeros líderes cristianos usaban la presciencia como su primordial defensa contra los gnósticos: "Entendían que προορίζω [la predestinación] dependía de προγινώσκω (la presciencia)".[13] En contraste con el nexo causal del estoicismo, el Uno del neoplatonismo y el dios maniqueo, el Dios del cristianismo no lo decretó todo, a pesar de ser soberano. Ireneo (*ca.*185), el primer teólogo cristiano de los primeros siglos, argumentaba que el Dios cristiano era superior en poder al dios gnóstico ya que permitía que fueran libres las decisiones humanas y aun así podía llevar sus planes a cabo (sin la manipulación estoica de la microgestión divina).[14]

---

[12] Harry Wolfson, *Religious Philosophy: A Group of Essays* (Cambridge, MA: Belknap Press of Harvard University Press, 1961), 176; Cf., Michael Frede y Halszka Osmolska, *A Free Will: Origins of the Notion in Ancient Thought* (University of California Press, 2011), especialmente, "Chapter Nine—Augustine: A Radically New Notion of a Free Will?"

[13] Dewey Wallace, Jr., s.v. "Free Will and Predestination," en *The Encyclopedia of Religion*, 2nd edn. (London: MacMillan, 2004).

[14] Wingren, *Man and the Incarnation*, 3–6. "El principio fundamental en el concepto de libertad aparece primero en la posición de Cristo como el soberano Señor, porque para Ireneo la libertad del hombre es, curiosamente, una expresión directa de la omnipotencia de Dios; una expresión tan directa, de hecho, que una

1 Tm. 2:4 dice: "el cual quiere que todos los hombres sean salvos y vengan al conocimiento de la verdad". Antes del año 412 EC, Agustín cita este versículo una sola vez (*exp.prop.Rm.*74), y aquí usa la comprensión cristiana tradicional del pasaje. Pero a partir de su desviación en el año 412 EC, Agustín intenta numerosas explicaciones que siguen caminos tortuosos.[15] Finalmente, en el año 421 CE (*c.Jul.*4.8.82) Agustín recurre a la alteración del pasaje. Ahora significa "todos los que se salvan", lo cual quiere decir que los que son salvos solo son salvos por voluntad de Dios. El año siguiente Agustín repite este cambio en el texto (*ench.*97, 103), y ahora "todos" significa solo los elegidos. La gente no se salva, "no porque ellos no tengan la voluntad para ello, sino porque no está en Dios" la voluntad de que se salven (*ep.*217.19).

D. Conclusión

Los obispos y autores cristianos de los primeros siglos, rechazaban el determinismo unilateral, estoico y maniqueo (PDUDEI) porque la presciencia divina *cristiana* no era causal.[16] Lo que más diferenciaba la

disminución de la libertad del hombre implica automáticamente una disminución correspondiente de la omnipotencia de Dios". Cf., Ireneo, *Adv.haer.*II.5.4

[15] Hwang, "Augustine's 1 Tim. 2:4," 137–42.

[16] Para explicar este concepto utilizo una analogía. Sostengo un libro pesado en mi mano. Le pregunto a mi clase qué pasaría si suelto el libro si la gravedad no cambia y nadie interviene. Ellos responden que golpeará el suelo. Les pregunto: "¿Estáis totalmente seguros?" Ellos responden que "sí". Yo respondo: "¿Entonces tenéis una presciencia perfecta?" a lo que responden: "Sí". Dejo caer el libro. Golpea el suelo. Les miro y les digo: "Vosotros hicisteis que el libro cayera al suelo". Ahora entienden por qué la presciencia cristiana no causa eventos. Ninguna analogía es perfecta, pero han captado la idea.

filosofía cristiana de la pagana es que el Dios cristiano busca relacionarse y escoge para salvación a personas basándose en su presciencia de lo que escogerían los humanos en el "futuro". Estos cristianos enseñaban ambas cosas a la vez: tanto la soberanía de Dios como la predestinación bíblica (Dios escoge mediante su presciencia de lo que los seres humanos van a escoger con una libertad verdaderamente real).[17] Su concepto de la predestinación bíblica estaba inextricablemente entrelazado con la presciencia divina. Los deterministas paganos rechazaban la presciencia divina porque preferían un decreto divino de todos los eventos futuros, y que estos fueran preordenados de manera unilateral, y ajenos a toda relación personal.

Durante veinticinco años, Agustín defendió las doctrinas cristianas tradicionales contra los maniqueos gnósticos. Sin embargo, persistió en su meticulosa Providencia estoica desde sus primeros escritos hasta su muerte. Incluso decía que dicha Providencia microgestiona el lugar donde descansa cada hoja y semilla (*s.*D29.11). Pero no encontró una manera legítima de trasladar la soberanía estoica a su nueva versión del cristianismo que inició a partir del año 412 EC. Así que recurrió nuevamente a la defensa que utilizó Plotino, la postura neoplatonista de la inescrutabilidad (*s.*D.29.10). Agustín apeló a la idea de Plotino de los inescrutables consejos secretos de Dios (el Uno), que es justo por definición (independientemente de que existiera una obvia injusticia).[18]

---

[17] Por ejemplo, Clemente y Orígenes habían adaptado para su uso ciertos conceptos y terminología de los estoicos (e.g., προνοία; cf., Acts 24.2) sin sucumbir al determinismo estoico. Cf., Van Der Eijk, Ph. "Origines Verteidigung des freien Willens en *De Oratione* 6,1-2," *Vig.Chr.*9.1 (2001): 339–351, esp. 347; Jon Ewing, *Clement of Alexandria's Reinterpretation of Divine Providence* (Lewiston, NY: Edwin Mellen Press, 2008), 167–186.

[18] Hombert fecha esto como *ca.* abril, 412. Cf., *loc.Ex.*20; *s.*294.7.

Chadwick, un experto en patrística, opinaba que el platonismo influyó mucho más en Agustín que en el mismísimo Orígenes, especialmente con el pecado como privación (e.g., *conf.*7.22).[19] Otro erudito concluyó: "Condenados por la solidaridad de todos los humanos con Adán, están predestinados porque Dios conoce de antemano que no les dará la gracia para ser salvos... Al contrario de lo que se afirma a veces, Agustín sí habla de la predestinación de los condenados."[20] En el año 412 EC, Agustín ahora abraza una caricatura del Dios cristiano que sincretiza (casó) con su dios maniqueo. Este dios unilateralmente condenará incluso a los bebés inocentes en un PDUDEI pagano determinista.

La estoica y cristianizada Providencia de Agustín tiene que microgestionar (primaria y activamente) con control directo, cada mota minuciosa. Pero inexplicablemente, hasta el punto de lo milagroso, dicha Providencia no controla el mal con su soberanía, sino que *solo permite* el mal. Este punto de vista exige que el santo y perfecto Dios, que microgestiona y decreta todo lo que ocurre, también tenga que decretar el mal (aunque de una manera misteriosa y sin culpa). Este concepto proviene directamente del estoicismo, puesto que afirma que este mundo actual es el mejor de todos los mundos posibles (cf., la filosofía de Leibniz, *ca.*1710).

Pero si Dios *solo permite* el mal, entonces no lo controla todo meticulosamente por decreto y, por ende, Dios no es "soberano" en el sentido estoico-agustiniano-calvinista. Si Dios *realmente* decreta el mal,

---

[19] Henry Chadwick, "Christian Platonism in Origen and Augustine" en Henry Chadwick, ed. *Heresy and Orthodoxy in the Early Church* (Aldershot, UK: Variorum, 1991), 229–30.

[20] Gerard O'Daly, "Predestination and Freedom in Augustine's Ethics" en G. Vesey, ed. *The Philosophy in Christianity* (Cambridge, 1989), 90, (*an.et or.*4.16).

entonces ya no es el Dios cristiano sino el malvado creador de la materia en el maniqueísmo (esto se defiende apelando al misterio neoplatónico). Entonces, ¿por qué condena Dios eternamente a los bebés recién nacidos? Agustín confesó: "No puedo encontrar una explicación satisfactoria y digna, puesto que no puedo encontrar ninguna, no porque no la haya". (s.294.7).[21] Ningún teólogo o filósofo en los últimos 1600 años (desde que Agustín volvió al determinismo maniqueo) ha hallado jamás una respuesta satisfactoria o digna a esta contradicción: que el amoroso Dios cristiano condena a los recién nacidos inocentes.

[21] Traducción por Edmund Hill, *Augustine's Works* (Sermon 294), 184.

Capítulo 7
Repasando cuándo y porqué se convirtió Agustín al determinismo

Después de repasar la evidencia, Agustín no parece haber seguido el pensamiento del apóstol Pablo sobre el Nuevo Testamento, sino que se volvió a convertir, retornando a las interpretaciones maniqueas que él había afirmado anteriormente. Para reconstruir el camino que tomó Agustín, nos será útil hacer un resumen de su reconversión al determinismo.

A. *Ad Simplicianum* en su contexto cronológico

No fue por la lectura de las Escrituras que Agustín llegara, en el año 396/7 EC (mientras escribía *Ad Simplicianum*), al determinismo de su postura más tardía. Una lectura sistemática, cronológica e integral del corpus completo de Agustín hace resaltar que su teología se fue desarrollando en tres etapas diferentes. La salvación se basa en: Etapa 1.) El mérito de obras por presciencia (386-394 EC), Etapa 2.) Ningún mérito de obras sino por la presciencia de la fe sola por parte de Dios, según Ticonio (395–411 EC), y finalmente, Etapa 3.) Predeterminación Divina Unilateral de los Destinos Eternos de los Individuos: la elección unilateral desprovista incluso de la presciencia de fe (412–430 EC). Muchas veces los eruditos omiten la segunda etapa de Agustín, o sea, la postura tradicional cristiana de la elección que es solo por fe, y solo mencionan la presciencia de las buenas obras.[1] En cada una de estas tres transiciones, Agustín rompe rápida y decisivamente con la postura anterior, completando su cambio teológico en cuestión de un año.

En el año 412 EC, su teología determinista final aparece simultáneamente en todas sus obras formales, cartas y sermones. La anomalía (*Simpl.* 2.5–22) viola este patrón, sobre el cual Wetzel reconoce:

> Todavía en fechas tan tardías como la primera parte de *Ad Simplicianum*, Agustín descansa seguro en su creencia de que está en la mano de la libre elección de cada persona el buscar la ayuda del libertador divino, independientemente de cuán debilitante se haya vuelto su adicción al pecado (1.1.14). ...Los elementos más claves que formarán la doctrina del pecado original de Agustín, la herencia del pecado (*tradux peccati*) y la culpa original (*originalis reatus*), ya están presentes aquí (1.2.20), pero es difícil determinar hasta qué punto dictaminan su postura posterior. [2]

Es "difícil de determinar" porque estas doctrinas desaparecen inmediata y completamente durante quince años. Luego, de repente, en el año 412 EC, Agustín se esfuerza muchísimo por concebir y dar a luz su nueva teología determinista, y lucha por obtener respuestas. Existen pocas opciones para explicar esta perturbadora anomalía. Sin transición alguna, la primera parte de *Ad Simplicianum* (*Simpl.*1) abiertamente contradice la posterior *Simpl.*2. Por eso es muy improbable que Agustín haya escrito las dos partes simultáneamente, ya que Agustín podría haber enmendado la carta antes de enviarla a Simpliciano.

---

[1] Mathijs Lamberigts, "Predestination," en Allan Fitzgerald, ed. *Augustine Through the Ages*: *An Encyclopedia* (Grand Rapids, MI: Eerdmans, 1999), 679.

[2] Wetzel (1999), 798–799; cf., J. Patout Burns, "From Persuasion to Predestination: Augustine on Freedom in Rational Creatures," en Paul Blowers, Angela Russell Christman, David Hunter, y Robin Darling Young, eds. *In Dominico Eloquio, in Lordly Eloquence: Essays on Patristic Exegesis in Honour of Robert Louis Wilken* (Cambridge: Eerdmans, 2002), 307: "Por norma general, en las dos décadas después de responder a Simpliciano, Agustín evitaba toda discusión del control divino sobre la voluntad".

Entonces, ¿cuándo habrá enmendado esta carta? ¿Cuánto tiempo habrá pasado después del año 396/7 EC? Cuando el obispo Julián acusó correctamente a Agustín de haber alterado su teología en el año 418 EC, Agustín no le pudo dar respuesta alguna. Su falta de contestación fue un problema fatídico.[3] Agustín podría haber usado *Simpl.* en su forma actual para defenderse. No lo hizo. A toda costa quiso ser fiel a la verdad, y no quiso usar una obra enmendada. Quizás pidió, aproximadamente en el año 412 EC, que se le devolviera el texto de *Simpl.* para que lo pudiera enmendar, igual como solicitó que Marcelino le devolviera *Pecc. merit.*1–2 (*ep.*139.3). ¿Es posible que *Simpl.*2.5-22, un pasaje tan corto, sea la única "prueba" teológica de la transición de Agustín durante los quince años entre 396-411 EC? No surge nada más de este período de tiempo, en sus veintiocho obras principales, y más de cuatro mil cartas y sermones.[4] Durante otros quince años enseña la teología cristiana tradicional. Los eruditos no se han dado cuenta que Agustín enmendara *Ad Simplicianum* alrededor del año 412 EC. Lo enmendó para que cuadrara con su conversión al determinismo. Agustín no cambió su teología en 396/7 EC por su lectura de las Escrituras.

Antes de su muerte Agustín hace un resumen de sus obras en *Retractationes*. Tuvo que hacer uso de mucha creatividad para defender sus obras antes del año 412 EC, puesto que hubo múltiples y justificadas acusaciones contra él de que anteriormente había enseñado la libre elección tradicional. También usa la retórica y reinterpreta sus trabajos anteriores al año 412 EC dentro de su nuevo marco determinista. Al

[3] Agustín probablemente quiso evitar cualquier mención del texto enmendado de *Simpl.*2 en una obra que ya se había publicado directamente contra las alegaciones de Julián de que Agustín había cambiado su teología.

[4] Pope Benedict XVI, *The Fathers of the Church: Catecheses: St. Clement of Rome to St. Augustine of Hippo* (Grand Rapids, MI: Eerdmans, 2009), 150.

describir sus obras antes del año 412 EC, utiliza largas "aclaraciones" para explicar cómo "deberían o podrían leerse" estas obras anteriores (*ep.*224.2).

Notemos la excelente retórica profesional de Agustín: *no* explica cómo se debían entender en el momento que las escribió, sino cómo "deberían o podrían leerse". De repente, comenzando con sus obras en el año 412 EC, desaparecen estas reconstrucciones explicativas tensas e imaginativas, y se vuelven innecesarias.

Pero hay algo aún más impactante. Agustín *jamás* afirma que creyera sus cinco doctrinas principales antes del año 412 EC. Siendo totalmente fiel a la verdad, se limita a la gracia sin mérito. Esto es precisamente lo que aprendió en 394–396 EC al leer obras de Hilario de Poitiers, Ticonio, Victorino y Jerónimo sobre Romanos y Gálatas. Todos estos autores enseñaban la gracia inmerecida sin obras.[5] Su frase, cuidadosamente elaborada en *Praed.*7, sugiere una enmendación tardía de *Simpl.*2, cuando dice: "*Empecé* (*coepi*)" a entender el inicio de la fe como un regalo de Dios.[6]

Al suponer que *Simpl.*2 se escribió en 396 EC, a los eruditos se les escapó la transición que hizo Agustín en 395/6 EC, de la elección basada en hechos ocultos meritorios a la elección por gracia inmerecida (que Victorino y Ticonio ya habían defendido). Suponen que la novedosa y posterior teología de Agustín surgió al leer Romanos y Gálatas.[7] La profesora Hammond Bammel normalmente tiene ideas excelentes, pero

---

[5] Daniel Williams, "Justification by Faith: a Patristic Doctrine," *The Journal of Ecclesiastical History* 57 (2006): 649–667.

[6] Si desea una explicación más completa, vea Wilson, *Cómo Agustín se convirtió*, 204–210.

[7] William Babcock, "Augustine and Tyconius: A Study in the Latin Appropriation of Paul," *St.Patr.*17.3 (1982): 1209–1215.

en este caso concluye que el *Liber de fide* (Libro de fe) de Rufino fue una reacción al *Ad Simplicianum* de Agustín porque supuso que *Simpl.*2 databa del 396/7 EC.[8] Y por eso se le pasó la conexión entre la providencia estoica de Agustín, el *reatus* que condena del pecado original, y su teología revisionista determinista del año 412 EC. Rufino estaba escribiendo contra los maniqueos, no contra Agustín. Se les hizo difícil, tanto a ella como a otros, distinguir entre estas enseñanzas tan similares.

B. Diez factores que tuvieron su influencia

Al menos diez factores distintos tuvieron una influencia significativa en la conversión de Agustín al "libre albedrío no libre" estoico que caracterizaba su teología sistemática final. Estos factores son:

1.) Su formación profesional como maestro de gramática y retórica (no tenía formación en las Escrituras);
2.) Derivó su providencia estoica determinista, sin relación personal alguna con el ser humano, de Crisipo y Cicerón;
3.) Pasó "diez años enteros"[9] como maniqueo, aprendiendo a reinterpretar las escrituras cristianas y judías desde el punto de vista maniqueo determinista;

---

[8] Caroline Hammond Bammel, "Rufinus' Translation of Origen's Commentary on Romans and the Pelagian Controversy," in *Storia ed egesi in Rufino di Concordia*, Altoadriatiche XXXIX (Udine: Arti Grafiche Friulane, 1992), 132–133.

[9] Henry Chadwick, *Augustine: A Very Short Introduction.* (Oxford: Oxford University Press, 1986), 14; James O'Donnell, *Augustine: A New Biography* (New Yok, NY: Harper Collins, 2005), 45, dice un mínimo de once años; cf. p.48, "no está seguro de su recuento de los años."

4.) Tuvo una conversión neoplatónica filosófica en Milán por medio del obispo Ambrosio, conversión que abrió la puerta para la conversión cristiana de Agustín;
5.) Estaba muy centrado en el pecado sexual, renunciando a sus relaciones sexuales con varias concubinas y jurando castidad permanente para conseguir su salvación;
6.) Fue nombrado ilegalmente como obispo de Hipona (los co-obispados no estaban permitidos, pero aun así ejerció en co-obispado con Valerio que era mayor que él), pero este nombramiento casi fue bloqueado por las acusaciones que su primado (arzobispo) Megalio hizo acerca de las simpatías maniqueas de Agustín;
7.) Tenía un excelente intelecto y capacidad para fusionar diversas religiones y filosofías;
8.) Tenía la *hubris* (la arrogancia) de pensar que su propia cristianización de la providencia estoica (el determinismo unilateral) era la correcta, y que todos los autores cristianos que le habían precedido durante 300 años estaban equivocados en cuanto a la postura tradicional, de que la humanidad conserva una libre elección residual con la que puede recibir el regalo de salvación que Dios ofrece;
9.) Tenía una personalidad polémica mientras combatía múltiples y diversas herejías;
10.) Era del norte de África, que tenía una larga y arraigada tradición de bautizar a los bebés.

No hay nada extraordinario en algunos de estos factores si se examinan por separado. Tanto Cipriano como Tertuliano residían como retóricos en el norte de África. Orígenes, los Capadocios, Victorino y Ambrosio fueron influenciados por el neoplatonismo. Otros, como Epifanio, también transmitían una personalidad polémica al combatir contra las herejías. Si no le superaba, Orígenes al menos igualaba a Agustín en su habilidad intelectual y en su capacidad de fusionar ideas. Y, sin embargo, todos estos autores anteriores a Agustín permanecieron dentro de la teología tradicional de la libre elección.

En toda la literatura no surge ningún otro obispo o autor cristiano prominente que haya pasado una década con una concubina, haya engendrado un hijo de ella, y luego haya buscado otra concubina mientras esperaba celebrar su matrimonio concertado.[10] La ley romana impedía el matrimonio entre ciertas clases, lo cual hizo que el concubinato (el matrimonio de hecho) llegara a ser de lo más común. Agustín se regaña a sí mismo excesivamente por esta relación. Incluso en la frase que Agustín repetía tanto: "por tanto, da lo que ordenas y entonces manda lo que desees" por lo general se omite la primera parte de la oración, "En cuanto a esto también nos impones el mandato de la continencia [que no haya relaciones sexuales]" (*Conf.* 10.60). No existe ningún precedente de algún obispo o autor cristiano que haya renunciado a las relaciones sexuales a favor de una vida de castidad como experiencia "salvífica". Estaba preocupado por el pecado físico y sexual de su trasfondo maniqueo, e incorporó en su doctrina la condenación por herencia sexual al nacer (culpa heredada).

Los escritos cristianos de la antigüedad muestran argumentos retóricos de extremada contundencia. Era algo bastante común. Por ejemplo, cuando Optato reprende a Donato (*ca.*385)[11] declara que Donato se ha

---

[10] Cf., François Decret, *Early Christianity in North Africa* (*Le christianisme en Afrique du Nord Ancienne*), trad. por Edward Smither (Cambridge: James Clarke and Co., 2011), 163; and, Chadwick (1986), 16.

[11] Mark Edwards, *Optatus: Against the Donatists* (Liverpool: University Press, 1997), xviii.

elevado a sí mismo casi como si fuera Dios (3.3; *ca.*385). Pero en ningún otro lugar encontramos una retórica tan extrema de celo polémico como la difamación de Agustín, cuando afirma que los cristianos donatistas eran anticristos, cristianos malditos. Afirma que ponían a Donato a la misma altura de Dios; y que "algunos" de ellos no creían que Jesús fuera igual al Padre, y que algunos negaban que Cristo hubiera venido en carne (*s.*183). Stroumsa señala que esta táctica brutal, utilizando una "exégesis bíblica extremadamente dudosa" de 1 Juan 2:2[12], excluía a los cristianos donatistas de la Iglesia universal. Al final, la retórica compulsiva y polémica de Agustín le robó y le dejó sin precisión exegética. Mani creó la religión sincretista del maniqueísmo, pero Agustín le superó al sincretizar el estoicismo, el neoplatonismo, el maniqueísmo y el cristianismo.

¿Cuáles son los factores que llevaron a Agustín a convertirse al determinismo de su última etapa? Los tres factores que sobresalen más son: el bautismo de los bebés, el estoicismo y el maniqueísmo. Agustín no se hubiera convertido al determinismo si no se hubiera practicado el bautismo de los bebés en su localidad al norte de África. Se han encontrado las primeras y más antiguas pruebas del bautismo de bebés únicamente en el norte de África y en la cercana Roma. Y únicamente con Agustín se salva a un recién nacido de la condenación eterna heredada, por el poder representativo de la fe de los padres. Un obispo local contemporáneo desafió esta afirmación. Antes del año 412 EC, Agustín también estaba entre aquellos que afirmaban que el bautismo no era necesario para ser salvo y que el bautismo de los bebés no tenía explicación. Por lo tanto, como concluye Sage, cualquier especulación de

---

[12] Gedaliahu Stroumsa, "*Caro salutis cardo*: Shaping the Person in Early Christian Thought," *History of Religions* 30 (1990): 45.

que el bautismo de los bebés (que perdona la culpa condenatoria heredada de Adán) sea de origen apostólico, parecería tener poca probabilidad.[13]

Clemente y Orígenes habían adaptado y cristianizado muchos conceptos y terminología estoica (e.g., προνοία; cf. Hechos 24:2) pero sin sucumbir en el determinismo estoico.[14] Ningún obispo o autor cristiano antes de Agustín se había empapado tanto de la providencia estoica de Crisipo y Cicerón.[15] Del mismo modo, al abrazar la "mala voluntad" filosófica pagana (estoica, ciceroniana y neoplatónica) y su traducción errónea de Pro. 8:35, le permitió una explicación del pecado en la "voluntad muerta" que no se encuentra en Romanos 7, ni en los escritos de Pablo, ni en ningún otro pasaje de las Escrituras.[16] Los siguientes

---

[13] Sage, "Le péché original dans la pensée de saint Augustin, de 412 à 430," *REAug* 13 (1969): 75–112.

[14] Philip van der Eijk, "Origines' Verteidigung des freien Willens in *De Oratione* 6,1–2," *Vig.Chr.* 9.1 (2001): 347; Jon Ewing, *Clement of Alexandria's Reinterpretation of Divine Providence* (Lewiston, NY: Edwin Mellen Press, 2008), 167–186.

[15] Robert O'Connell, *Augustine's Early Theory of Man* (Ann Arbor, MI: Belknap Press of Harvard University Press, 1968), 189, en cuanto a *c.Acad.*1.1 y *Sol.*1. Aunque exagera la dependencia de Agustín de los escritos de Plotino y Pórfido en algunas áreas [cf. Bonner (1984), 495-514; Dodaro y Lawless (2000); Ayres (2010), 13–41], O'Connell acierta al identificar esta influencia estoica/neoplatónica sobre la postura de Agustín en cuanto a la Providencia;

cf. Ronald Tanner, "Stoic Influence on the Logic of St. Gregory of Nyssa," *St.Patr.*18.3 (1989): 557–584.

[16] Serge Ruzer, "The Seat of Sin in Early Jewish and Christian Sources," en Jan Assmann and Guy Stroumsa, eds. *Transformations of the Inner Self in Ancient Religions* (Leiden: Brill, 1999), 367–391. Pablo no podia hacer el bien que quería hacer con su voluntad.

factores fueron influencias sin parangón: el "libre albedrío no libre" de Agustín, la providencia totalitaria estoica, la "voluntad malvada" de Epicteto, y la "voluntad muerta" de Plotino. Los cristianos de los primeros siglos sí exaltaban la soberanía general de Dios, pero esto no implicaba una microgestión dictatorial estoica de cada suceso en el universo, aunque reconocían que Dios incidía directamente y de manera intermitente (soberanía específica mínima) en la historia.

Y aún otro aspecto similar. No tenemos conocimiento de ningún autor cristiano anterior a Agustín que haya pasado una década entera como maniqueo, creyendo la Predeterminación Divina Unilateral de los Destinos Eternos de los Individuos (determinismo/destino unilateral). El maniqueísmo era muy peligroso, y las normas de la iglesia de los primeros siglos dictaban que nadie que antes hubiera sido maniqueo podía convertirse en obispo. Esta norma casi impidió que Agustín fuera ordenado y fue un problema que siguieron planteando aquellos que se le oponían, incluso antes de la controversia pelagiana. Agustín probablemente escribió *Confesiones* por esta razón. Su ordenación como co-obispo con Valerio fue ilegal, prohibida por el Concilio de Nicea. Estas excepciones ilegales le proporcionaron a Agustín los medios para alcanzar el liderazgo. Décadas después, todavía hacía eco en su memoria el himno maniqueo del alma/voluntad resucitada unilateralmente por la infusión de fe por medio de la gracia radical de Cristo. Ya dos siglos antes Basilides había hecho una exposición sobre esta gracia radical maniquea como don de Dios en el determinismo gnóstico, y fue refutada por Clemente. Había sido sabia la política de la iglesia temprana de prohibir que los que anteriormente hubieran sido maniqueos se convirtieran en obispos.

Después de reconvertirse al determinismo, Agustín redefinió numerosos términos tales como predestinación, pecado original, gracia, libre albedrío, etc. Weaver concluye que Agustín había "alterado considerablemente" su definición de libre albedrío (cf. *Praed.*8).[17] Agustín transformó la predestinación cristiana en un determinismo unilateral gnóstico/maniqueo, y esto sonsacó objeciones válidas de los católicos de su época. Sin embargo, sus redefiniciones persisten en la modernidad ya que muchos estudiosos siguen confundiendo la predestinación cristiana (la elección a la salvación eterna basada en la presciencia) con la "predestinación" agustiniana (etiquetada con más precisión como PDUDEI, destino o determinismo pagano).[18]

Finalmente, en marcado contraste con el determinismo causal de Agustín (PDUDEI), Juan de Damasco, el último padre de la iglesia griega, (f.*ca.*760), retuvo predestinación cristiana tradicional (la elección divina basada en la presciencia): "Debemos entender que, aunque Dios conoce todas las cosas de antemano, sin embargo, Él no predetermina todas las cosas. ... De modo que esa predeterminación es la obra del mandato divino basado en la presciencia". (*Exp. fid.*44).

---

[17] Rebecca Weaver, "Anthropology: Pelagius and Augustine on Sin, Grace, and Predestination," in Everett Ferguson, Frederick W. Norris, Michael P. McHugh, eds. *Encyclopedia of Early Christianity*, 2nd edn. (New York, NY: Garland Publishing, 1999), 63.

[18] Ralph Mathisen, "For Specialists Only: The Reception of Augustine and His Teachings in Fifth-Century Gaul," en Joseph Lienhard, Earl Muller, y Roland Teske, eds. *Augustine: Presbyter Factus Sum* (New York, NY: Peter Lang, 1993), 30–31; Eugene TeSelle, *Augustine* (Nashville, TN: Abingdon Press, 2006), 81.

C. Corrigiendo la causa y la fecha de la conversión de Agustín al determinismo

En este libro he impugnado cuatro afirmaciones fundamentales que gozan de consenso en el entorno de los estudios agustinos:

1.) Agustín cambió su teología en el año 396 EC

2.) mientras escribía la carta al Obispo Simpliciano (*Simpl.*),

3.) y su transición ocurrió al estudiar las Escrituras (Romanos 7, Romanos 9, y 1 Corintios 15),

4.) la cual desarrolló meramente modificando las doctrinas que prevalecían en aquel momento.

Este análisis cronológico e integral del masivo corpus de obras de Agustín, y la comparación con autores anteriores, impugna estas afirmaciones hechas por estudiosos anteriores.[19] Agustín no concibió sus ideas embrionarias hasta el año 412 EC, mientras escribía *Pecc. merit.*, y dio a luz esas ideas en *Spir. et litt.* Y luego, una década más tarde, desarrolló la idea de la perseverancia como regalo de Dios. Por su propia admisión, los fundamentos esenciales de su sistema innovador fueron Ro. 5:12 y Pro. 8:35 (sus textos de prueba mal traducidos), y la tradición africana del bautismo de bebés.[20] Incluso Valentiniano, el primado

---

[19] Wetzel (1999), 798–799; Brown, P. (2000), 147–148; Ernest Evans, *Tertullian's Homily on Baptism* (London: SPCK, 1964), 101; Gregory Ganssle, "The development of Augustine's view of the freedom of the will (386–97)," *Modern Schoolman* 74 (1996): 1–18; Rigby (1999), 607–614; Harrison, C. (2006); Virgilio Pacioni, "Providence," en Allan Fitzgerald, ed. *Augustine Through the Ages: An Encyclopedia* (Grand Rapids, MI: Eerdmans, 1999), 686–688; Charles Warren, *Original Sin Explained?: Revelations from Human Genetic Science* (Lanham, MD: University Press of America, 2002).

[20] Jean Laporte, "From Impure Blood to Original Sin," *St.Patr.*31 (1997): 438–444 at 443, mostrando las limitaciones geográficas de lo que abarcaba.

(arzobispo) de la vecina Numidia, le escribió a Agustín cuestionando su novedosa postura sobre el bautismo de los bebés (*ep.*5*).

Después de escribir cincuenta y cinco libros (que sí han sobrevivido el paso del tiempo), Agustín cita todo el versículo Ro. 5:12 en un tratado, para apoyar la culpa heredada de Adán. Esto no ocurre hasta el año 412 CE (*Pecc. merit.*). Anteriormente, Agustín ya había citado Romanos 7, Romanos 9 y 1 Corintios 15 con frecuencia, pero no fue hasta después del año 411 EC que sus reinterpretaciones descansaran sobre su fundamento de Ro. 5:12. Durante tres siglos la iglesia cristiana había abrazado la doctrina del pecado original tradicional, y Melito competía con Agustín por ver quién enfatizaba más la depravación humana.[21] Sin embargo, el obispo de Hipona no solo modificó, sino que borró tres siglos de enseñanzas sobre el pecado original tradicional y la libre elección al agregar el *reatus* heredado que condena (el pecado original agustiniano que incorpora la culpa que condena). Apoyándonos en la afirmación de un erudito, Agustín no fue simplemente "el arquitecto de la teología del pecado original"[22], sino un contratista que demolió los cimientos del libre albedrío cristiano, para construir una teología contradictoria basada en el destino pagano y el determinismo maniqueo.[23]

---

[21] Sigue siendo impresionante, aunque solo se entienda como efecto retórico durante una homilía.

[22] Julius von Gross, *Entstehungspeschichte der Erbsündendogmas*, Bd.1 (München: Ernst Reinhardt, 1960), 368.

[23] Contra Pier Beatrice, *Tradux Peccati. Alle fonti della dottrina agostiniana del peccato Originale* en Studia Patristica Mediolanensia 8 (Milan: Vitae Pensiero, 1978), 35: El *reatus* heredado que condena no era "gia vitale e circolante in ambienti ecclesiastici italiani o africani," (ya vital y en circulación en el movimiento eclesiástico en Italia ni África) y no nos explicamos como puede descartar el maniqueísmo como la fuente del pecado original agustiniano

La libre elección tradicional de Agustín se convirtió, simultáneamente, en el "libre albedrío no libre" estoico por medio del "decididor/escogedor malo" de Epicteto y Plotino. Con gran habilidad, Crisipo había redefinido el determinismo causal y lo había separado de la necesidad (el destino) al inventar una posibilidad contrafactual de oportunidad que era imposible de lograr. Esto significa que a pesar de que una persona tuviera cero posibilidades de realmente utilizar esa oportunidad, se retiene (cierto tipo de) "libre albedrío" (*Fat.*12–15).[24] Agustín conoció esta muy matizada posición pagana del pseudocompatibilismo[25] por medio de la lectura de Crisipo (a través de Cicerón). Pero otros autores cristianos ya habían tildado de hereje toda antropología pagana, gnóstica o maniquea, junto con la incapacidad total de responder a Dios. Esta incapacidad total requería que se otorgara un divino "don de fe por gracia" y requería un destino escogido unilateralmente por un dios falso o por los Destinos.

Todo esto no fue una mera modificación: Agustín "soberanamente" rechazó una de las doctrinas más fundamentales de la creencia y enseñanza cristiana de los primeros siglos.[26] El orden diseñado por divina

---

(p.67).

[24] Long y Sedley (1987), vol.1, 393.

[25] El pseudocompatibilismo consiste en pensar que la verdadera libertad de elección humana y el determinismo divino absoluto pueden coexistir simultáneamente, aunque se necesiten manipulaciones ingeniosas como las que utiliban los estoicos. Los estoicos inventaron este es falso concepto para salvaguardar la popularidad de su filosofía, la cual estaba en declive entre la gente común. Aún ahora se utiliza esta estratagema para defender el "compatibilismo".

[26] Contra Charles Baumgartner, "Théologie dogmatique," *RecSR.*51.4 (1963): 623 y *Le Péché originel* (Paris: Desclée, 1969), La afirmación de Baumgartner de que Agustín simplemente verbalizó lo que la iglesia ya creía implícitamente

soberanía (la meticulosa microgestión de la Providencia) siguió siendo un elemento crítico en la filosofía de Agustín, y debería ser crucial para los estudiosos al interpretar el masivo corpus del Obispo de Hipona. ¿Cómo han podido eruditos de excelente nivel pasar por alto la conversión final de Agustín en el año 412 EC? Descuidaron el consejo de Agustín: "El que lea mis obras en el orden en que fueron escritos, quizás descubra cómo he progresado en el transcurso de lo que he escrito". (*Retract.*, Prol.3).

Habiendo considerado la evidencia, hemos podido ver que Agustín *no* se convirtió de la libre elección cristiana tradicional al "libre albedrío no libre" en el año 396 EC mientras escribía *Ad Simplicianum. No* se convirtió como resultado del estudio de las Escrituras (Romanos y 1 Corintios). *No* fue un simple enriquecimiento de sus ideas cristianas anteriores. Todo esto es una suposición que han hecho los eruditos a causa de ciertos comentarios imprecisos que hace Agustín como retórico profesional, y que (como muchos políticos modernos) pueden interpretarse de diferentes maneras. Los eruditos no han podido discernir sus enmendaciones de *Lib. arb.*3.47–54 y *Simpl.*2. De las doctrinas principales de Agustín que hemos estudiado, ninguna de ellas se puede detectar entre los años 396–411 EC. Solo aparecen en el año 412 EC cuando se excede en reacción mientras lucha contra los pelagianos.

Pero la única doctrina que Agustín enseñó sin variación desde su juventud hasta su muerte fue la Providencia estoica. Como su Providencia estoica lo ordena *todo*, Agustín reinterpretó la enseñanza tradicional de la iglesia en cuanto al bautismo de los bebés, utilizando Ro. 5:12 y Pro. 8:35, unos versículos mal traducidos, como base fundacional para sus argumentos. Con estos argumentos sustituyó la

---

no cuadra con la evidencia.

regula fidei (regla de fe) cristiana de la libre elección tradicional con el "libre albedrío no libre" estoico y el determinismo unilateral pagano. El gran Agustín experimentó numerosas conversiones en su viaje personal: el estoicismo, el maniqueísmo, el neoplatonismo, el cristianismo con obras que merecen gracia, el cristianismo con gracia inmerecida, y luego la cristianizada gracia radical de los maniqueos.[27]

D. Agustín: Sólo contra la iglesia de los primeros siglos

Los primeros autores cristianos enseñaban como con una sola voz la predeterminación eterna con *relación* personal. Dios escogió a las personas según su presciencia de su fe (la predestinación). Esta postura cristiana se oponía a la Providencia estoica y al determinismo unilateral (el destino) gnóstico/maniqueo.[28] Los cristianos enseñaban la predestinación, y a la vez refutaban la Predeterminación Divina Unilateral de los Destinos Eternos de los Individuos (PDUDEI).[29] Dicho determinismo se identifica primero en la antigua religión iraní, luego cronológicamente en los qumranitas, el gnosticismo, el neoplatonismo y el maniqueísmo. Los herejes como Basilides, que enseñaba que Dios otorgaba unilateralmente el don de la fe, fueron condenados. De los ochenta y cuatro autores pre-agustinianos entre los años 95-430 EC que

---

[27] Harrison tiene razón en cuanto a la continuidad de Agustín en la gracia, pero no reconoce que es la gracia maniquea, no la gracia cristiana. Ver Carol Harrison, *Rethinking Augustine's Early Theology: An Argument for Continuity* (Oxford: Oxford University Press, 2006).

[28] Sarah Stroumsa y G. Stroumsa (1988): 48.

[29] Ya hemos citado y refutado a Wallace en la pág. 19. Los primeros padres de la iglesia antes de Agustín enseñaban la predestinación, no el fatalismo estoico ni el determinismo maniqueo.

he estudiado, más de cincuenta autores abordan el tema. Todos estos autores cristianos defienden la libre elección tradicional contra la pagana y herética Predeterminación Divina Unilateral de los Destinos Eternos de los Individuos (ver Wilson, *Cómo Agustín se convirtió*, Apéndice III, páginas 307–9 y, al final de este libro, el Diagrama cronológico: Determinismo y Libre albedrío).

Al igual que Atanasio, aquel gran defensor de la fe en el Concilio de Nicea (*C. Ar.*2.75–77), todos los autores cristianos pre-agustinos entendieron Ef. 1:4, "según nos escogió en El antes de la fundación del mundo" como algo propio de un Dios cuya presciencia incidió sobre la elección providencial.[30] La "presciencia" de la futura libre elección explica como Dios escoge a personas para la vida eterna. Estos primeros autores cristianos coincidieron con la solución de Cicerón en *De fato* 11.27–28[31]: el conocimiento de Dios se limita a la cognición, no a la causalidad.[32] Pero a diferencia de Cicerón, los primeros cristianos conservaron la presciencia infalible y omnisciente de Dios. Puede que esta *regula fidei* (regla de fe) de la libre elección tradicional sea un raro ejemplo de verdadera unanimidad en toda la cristiandad durante los primeros siglos.

Ya en los años *ca.*120 EC, los autores cristianos habían defendido que las consecuencias de la caída de Adán (*Barn.*) fueron la muerte física y una naturaleza humana corrupta, y a la vez reconocían un residuo de libre

---

[30] Alvyn Pettersen, *Athanasius* (London: Geoffrey Chapman, 1995), 30–36.

[31] Barry David, "The Meaning and Usage of 'Divine Foreknowledge' in Augustine's *De libero arbitrio (lib. arb.)* 3.2.14–4.41," *AugStud* 32.2 (2001): 117–156.

[32] Barry David, "The Meaning and Usage of 'Divine Foreknowledge' in Augustine's *De libero arbitrio (lib. arb.)* 3.2.14–4.41," *AugStud* 32.2 (2001): 117–156.

elección (*Herm.*). Esto persiste hasta el año 412 EC, cuando Agustín se convierte a su teología posterior. Al contrario de lo que afirman algunas personas, los obispos de la región del Mediterráneo oriental no estaban predispuestos a apoyar a Pelagio por tener una "postura minimalista" del pecado original. Algunos autores modernos han alegado que existía una dicotomía griego-latín/este-oeste en cuanto al pecado original. Afirman que los obispos orientales lo rechazaron y que los obispos occidentales lo aceptaban. Pero esto no se puede corroborar con datos.[33] Más bien, una explicación más precisa en cuanto a la reacción de los obispos orientales y de Cirilo sería la siguiente:

> En sus primeros años, las reacciones al pelagianismo se producían principalmente en el oriente. [...] La teología de Cirilo sobre la diferencia entre la naturaleza y la gracia, la herencia del pecado original, la inclinación hacia el pecado y la necesidad de obtener gracia, todas concuerdan con las opiniones de Agustín.[34]

E. Conclusión

Por lo tanto, fueron los obispos orientales, no Agustín, quienes iniciaron la lucha contra el pelagianismo. Agustín comenzó su reacción extraordinaria y extrema contra el pelagianismo en el año 412 EC, y le metió en un entorno hasta entonces desconocido para los cristianos. Al pecado original tradicional le agregó la culpa que condena, y exigió que hubiera una gracia

---

[33] Otto Wermelinger, *Röm und Pelagius: die theologische position der römischen Bischöfe im pelagianischen Streit in den Jahren 411–432* (Päpste und Papsttum VII; Stuttgart: Hiersemann, 1975), 263–278; Wermelinger es un ejemplo del típico error de representación de "Die Lehreinheit zwischen Ost und West" en cuanto al pecado original.

[34] Geoffrey Dunn, "Augustine, Cyril of Alexandria, and the Pelagian Controversy," *AugStud* 37.1 (2006): 63–88. Cita la primera obra de Jerónimo *Ep.*19 y la primera obra de Cirilo (*De adoratione in spiritu et veritate*).

maniquea radical que despertara el alma muerta por medio de una fe infundida divinamente. Ni un solo autor anterior a Agustín había enseñado que los humanos nacieran condenados, lo cual requiere que Dios primero altere la naturaleza caída de una persona, regenerándole a él o a ella con fe y gracia antes de que aquella persona pueda responder a Dios.

Anteriormente, todos los autores habían enseñado que, en la persona de Cristo, Dios ya había provisto de su gracia para todos los humanos indefensos. Los seres humanos solo necesitaban aceptar el regalo de Dios de salvación en Cristo por medio del residuo que conservaban de la imagen divina (es decir, el libre albedrío), que Dios les había dado. Los escritos de Agustín anteriores al año 412 EC también abrazan esta teología tradicional de la libre elección. Después del año 411 EC, Agustín se queda solo en su postura pagana determinista de la Predeterminación Divina Unilateral de los Destinos Eternos de los Individuos (PDUDEI). Más adelante, otros se unirían a él y fueron sus discípulos.

Conclusión

Hemos investigado los cambios que Agustín hizo al cristianismo con su novedosa teología. Aunque fue aplaudido por sus obras anti-pelagianas, sus posturas en cuanto al determinismo divino no fueron aceptadas de forma generalizada hasta la Reforma Protestante. ¿Por qué fue la Reforma Protestante el punto de inflexión?

A. La Reforma Protestante

Martín Lutero, el originador de la Reforma Protestante, era un monje agustino. Él reavivó la teología pagana determinista de Agustín. En el año 1525 EC, escribió en contra de la obra *Libre albedrío* de Erasmo de Rotterdam, publicando su propia obra *De servo arbitrio* (*Sobre la esclavitud de la voluntad*).[1] Lutero aceptó la postura de Agustín sobre la soberanía estoica y la postura maniquea de la incapacidad total de responder a Dios. Lutero llegó a extremos en su argumentación contra los abusos católicos, e intentó hacer que todo lo que hay en la salvación fuera de Dios sin obra humana alguna. Agustín había convertido la fe en una obra. Así que, para Lutero, incluso la fe inicial tenía que ser un regalo de Dios.

A los veinticuatro años, Juan Calvino fue influenciado por el estoicismo, y escribió su primer libro sobre *De Clementia,* una obra de

---

[1] Aunque Erasmo era ortodoxo en cuanto a la doctrina cristiana, él creía que la vida práctica justa del cristiano era más importante que una quisquillosa ortodoxia.

Séneca, un filósofo estoico. No aceptó todas las ideas del estoicismo y rechazó el neoestoicismo, pero sí retuvo las ideas estoicas en cuanto a la soberanía.[2] En cuanto a Séneca, Teodoro Beza, el sucesor de Calvino, escribió: "Este escritor tan sobrio, obviamente de la misma disposición de Calvino, fue uno de sus grandes favoritos".[3] Calvino se sintió atraído a Agustín por el compromiso estoico que compartían, puesto que un Dios que lo microgestiona todo encajaba con su filosofía.[4] Calvino cita a Agustín más de 400 veces en sus *Institutos de la Religión Cristiana*. Y reconoce abiertamente que: "Agustín está tan metido en mi interior que podría escribir toda mi teología desde sus escritos".[5]

Agustín inventó los cinco puntos del calvinismo. Sus cinco puntos son los cinco puntos del calvinismo: la incapacidad total, la elección incondicional, la expiación limitada (la propiciación), la gracia "irresistible" y la perseverancia. Por esto mismo, Helm, como calvinista, es partidario del término "calvinismo agustiniano".[6]

En los últimos dieciocho años de su vida, Agustín estuvo enseñando una teología determinista pagana y unilateral en lo divino, algo

---

[2] Ford L. Battles, "Sources of Calvin's Seneca Commentary," in *Interpreting John Calvin* (Grand Rapids, MI: Baker, 1996), Capítulo 2 y Apéndice C.

[3] Theodore Beza, *"The Life of John Calvin" in Tracts Relating to the Reformation* by John Calvin, vol. I; trad. por Henry Beveridge (Edinburgh: Calvin Translation Society, 1956), 24.

[4] John Sellars, *Stoicism* (Bucks, UK: Acumen, 2006), 142.

[5] John Calvin, "A Treatise on the Eternal Predestination of God," en John Calvin, *Calvin's Calvinism*, trad. Henry Cole (London: Sovereign Grace Union; repr., 1927), 38. Calvino en sus *Institutos* cita a Agustín centenares de veces.

[6] Paul Helm, "The Augustinian-Calvinist View" en James Bielby y Paul Eddy, eds. *Divine Foreknowledge: Four Views* (Downers Grove, IL: IVP), 161–189.

totalmente opuesto a lo que todo autor cristiano antes de él había enseñado, y lo opuesto a la doctrina que Agustín había enseñado anteriormente. En su vejez, Agustín utilizó las mismas interpretaciones deterministas de las Escrituras que había aprendido en el maniqueísmo, y enseñó interpretaciones maniqueas que él mismo (y todos los demás autores cristianos) habían refutado anteriormente como herejía.[7]

Tanto Lutero como Calvino creían erróneamente que Agustín simplemente enseñaba lo que históricamente habían enseñado todos los padres de la iglesia antes de Agustín.[8] ¿Cómo pudo pasar esto? Pues Agustín utilizó de manera consecuente los mismos términos cristianos que habían usado sus predecesores, pero a esos términos les dio nuevos significados. Con esta metodología, intercambió su doctrina cristiana tradicional por filosofías paganas e interpretaciones maniqueas de las Escrituras.[9] Agustín llevó por mal camino a Lutero y a Calvino.[10] Agustín

---

[7] Para obtener una lista de pasajes bíblicos utilizados por los maniqueos para demostrar el determinismo unilateral que utilizaba el anciano Agustín, y que utilizan los teólogos reformados en la actualidad, ver Wilson, *Cómo Agustín cambió*, 371.

[8] Calvino sí reconoció que Agustín había excedido a autores anteriores al agregar la depravación total, enseñando que la humanidad tiene un "decididor" muerto. *Inst.* II.2.4.

[9] Esto incluye los términos pecado original, gracia, predestinación, libre albedrío, etc. Ver Andre Dubarle, *The Biblical Doctrine of Original Sin* (London: Geoffrey Chapman, 1964), 53: "Por ejemplo, entre los primeros escritores patrísticos encontramos referencias *al origen del pecado*, a una *caída* y a la *herencia del pecado*, pero el significado de estos términos a menudo es diferente al significado que daba la tradición clásica que vino más tarde, ya influenciada por Agustín";
Ralph Mathisen, "For Specialists Only" 30–31; Rebecca Weaver, s.v. "Predestination," in *Encyclopedia of Early Christianity*, 2nd edn., Everett

afirmó que enseñaba lo que habían enseñado todos los primeros padres de la iglesia. Esto en parte sí es cierto en comparación con la "gracia que omite" de los pelagianos. Pero no es cierto en absoluto cuando contrastamos su determinismo unilateral con la libre elección de todos los escritores anteriores a Agustín. Así fue que Agustín cambió el significado del libre albedrío. Le quitó la definición cristiana y le dio una definición estoica. La voluntad humana tiene libertad, pero solo la liberta de elegir el pecado, de modo que "la malvada voluntad" no puede responder a Dios. Agustín utilizaba las palabras ("libre albedrío") pero alteró su significado.

Lutero y Calvino no fueron los únicos llevados por mal camino. En el año 1738, después de la Reforma Protestante, un pastor bautista llamado

---

Ferguson, ed. (New York, NY: Garland Publishing, 1998): "Se retuvo aquella caracterización, que ya abarca siglos de vigencia, de un ser humano capaz de libre elección y, por lo tanto, responsable en el juicio final, y sin embargo, el significado de estos elementos había sufrido modificaciones considerables; Peter Leitheri, "Review of *Adam, Eve, and the Serpent* por Elaine Pagels," *Westminster Theological Seminary Journal* 51.1 (Spring, 1989), 186: "Está claro que el concepto de libre albedrío de Agustín difiere del de los teólogos anteriores"; Cf., Wilson, *Cómo Agustín se Convirtió*.

[10] Martin Luther, "Letter to Spalatin" (October 19, 1516) y *Lecture on Romans*, Glosses y Scholia, Capítulo 4 en *Luther's Works*, vol. 48, Letters I, J. Pelikan, H. Oswald, y H. Lehmann, eds. (Philadelphia, PA: Fortress Press, 1999); John Calvin, *Institutes of the Christian Religion* I.xiii.29; Wolfson, *Religious Philosophy*, 158–76 donde explica la antiquísima comprensión tradicional judía y cristiana del libre albedrío (a pesar de tener una inclinación pecaminosa) que persistió hasta que el "Agustín posterior" introdujera ideas estoicas en la teología cristiana, y especialmente la mala comprensión que tuvo Agustín acerca de la *concupiscentia* que queda patente en su traducción al latín de *Sabiduría de Salomón* 8:21.

John Gill quiso demostrar que el calvinismo era una idea antigua. Gill intentó demostrar que los padres de los primeros siglos de la iglesia anteriores a Agustín, enseñaban el sistema calvinista (TULIP). Para ello, tomó citas de los autores pre-agustinos y las sacó de su contexto.[11] Algunos autores calvinistas modernos utilizan la lista de citas de Gill sin darse cuenta de los errores que cometió.[12]

[11] John Gill escribió el libro *The Cause of God and Truth (La causa de Dios y de la verdad)* en el año 1738. En dicho libro afirmaba que la iglesia en sus primeros siglos enseñaba el sistema calvinista (TULIP). Utiliza sus propias traducciones erróneas de textos antiguos, pasa por alto sus contextos, y toma por sentado sin justificación que las palabras que utilizaban como "elegir" y "predestinación" tuvieran aquellos significados que Agustín insertó (redefiniciones aceptadas por los calvinistas modernos). No conozco ni un erudito en la patrística que esté de acuerdo con estas afirmaciones infundadas e ilegítimas.

[12] Si uno quiere observar cómo se repiten estos errores entre los calvinistas modernos, ver Michael Horton, *Putting Amazing Back into Grace* (Nashville, TN: Thomas Nelson, 1991), Apéndice 219–241 [nótese que la edición corregida y actualizada del 2011 omite todas estas citas]; y también la página web del Dr. C. Matthew McMahon titulada "Calvinism in the Early Church" visitada el 20-7-2019 en https://www.apuritansmind.com/arminianism/calvinism-in-the-early-church-the-doctrines-of-grace-taught-by-the-early-church-fathers/. Ambos autores parecen desconocer la investigación académica, la cual demuestra de manera abrumadora lo contrario (gran parte de lo cual fue recopilado y publicado en el libro que publiqué reciente *Cómo Agustín cambió*). Aunque McMahon tiene razón sobre Próspero de Aquitania y Fulgencio de Ruspe, que fueron los dos discípulos más aférrimos de Agustín. Ningún autor cristiano pre-agustiniano enseñaba el sistema calvinista (TULIP). Si desea escuchar un resumen de los errores que cometen los calvinistas cuando citan a los primeros autores cristianos, consulte, por favor, mi segunda discusión con el Dr. Leighton Flowers en un podcast en la página web "Soteriology 101" del 31 de julio del

B. Inspeccionando el fundamento del calvinismo agustiniano

Los agustino-calvinistas afirman que Agustín fue la única persona, durante los primeros cuatro siglos, que interpretaba correctamente los pasajes bíblicos supuestamente deterministas del apóstol Pablo. Pero por supuesto, hacen caso omiso de los estoicos, los gnósticos y los maniqueos, que ya habían afirmado que dichos pasajes bíblicos enseñaban el determinismo unilateral. Los calvinistas pretenden afirmar, de alguna manera, que Agustín fue el único que lo acertó todo correctamente, este mismo Agustín que había estado sumergido en el determinismo profundo del estoicismo, neoplatonismo y maniqueísmo gnóstico. En su opinión, más de cincuenta padres de la iglesia primitiva, todos y cada uno de ellos se equivocaron en cuanto a la libertad de elección humana. Agustín mismo reconoció que se había esforzado, pero que fracasó al intentar seguir manteniendo la esencia de la doctrina cristiana en cuanto al libre albedrío, la cual el cristianismo unánimente había defendido durante los primeros cuatro siglos: "Luché, en nombre de la libre elección de la voluntad, buscando la solución a esta cuestión, pero al final la gracia de Dios ganó".[13]

Benjamin Warfield, el renombrado teólogo reformado, comentó: "La Reforma, considerada internamente, sencillamente fue el gran triunfo de la doctrina de la gracia de Agustín".[14] La declaración de Warfield da en el clavo. Pero desgraciadamente, como Lutero y Calvino dependieron tanto

---

2019 en https://youtu.be/YTSEh1o8HdE.

[13] Agustín, *Retr.*2.1. Incluso Agustín reconoció que el pseudocompatibilismo no era una opción a la que recurrir. No puede coexistir la libre elección humana con la soberanía absoluta (estoica) específica.

[14] Benjamin Warfield, *Calvin and Augustine* (Philadelphia, PA: Presbyterian and Reformed Publishing, 1956), 332.

de Agustín, no triunfó la gracia inmerecida del Dios cristiano. En la teología agustiniana-calvinista (reformada), lo que triunfó fue la gracia radicalizada del dios maniqueo.

Agustín fue el padre del sistema calvinista (TULIP): la depravación total (la incapacidad total de responder a Dios), la elección incondicional (la PDUDEI de los estoicos/gnósticos/maniqueos), la expiación o redención limitada (Cristo solo murió por los escogidos), la gracia irresistible (la gracia violenta maniquea) y el don de la perseverancia (que Agustín inventó para explicar como aquellos bebés que habían sido bautizados con un bautismo que les salvaba, podían luego vivir vidas que totalmente contradecían aquel acto que se les había hecho de bebés). O sea, en cuanto a estos distintivos deterministas, el calvinismo moderno tiene más en común con las antiguas filosofías y herejías religiosas que con el cristianismo de los primeros siglos. Una evaluación objetiva de los hechos lleva irremediablemente a esta chocante conclusión.

A causa de su pasado maniqueo, Agustín introdujo al cristianismo muchas interpretaciones deterministas de pasajes bíblicos que se utilizan aún a día de hoy. Por ende, el sistema calvinista se basa en las enseñanzas del antiguo *maniqueísmo*. El calvinismo se apoya en las interpretaciones *maniqueas* de ciertos pasajes bíblicos claves. El calvinismo no encuentra un fundamento sólido dentro del cristianismo de los primeros siglos. No tiene fundamento ni en su historia ni en lo bíblico. Descansa sobre las arenas inestables de antiguas doctrinas herejes y paganas. Por estas razones, el diminuto fundamento que sostiene la impresionante estructura lógica del calvinismo agustiniano se debería declarar y condenar como inestable e inseguro.

C. Alternativas al calvinismo agustiniano

Sí existen alternativas. Las teologías de todas las demás ramas principales del cristianismo, el catolicismo romano, la ortodoxia oriental y todos los demás protestantes, todas se basan sobre el sólido fundamento de la postura de la libre elección cristiana, que con unanimidad se enseñó durante más de tres siglos antes de Agustín. El Dios soberano del *cristianismo* con generosidad y cariño ofrece salvación a todos los humanos por igual (no creando a algunas personas con el propósito de condenarlas eternamente para su gloria). Y, como cada ser humano retiene la imagen de Dios, cada ser humano retiene la capacidad de responder por libre elección a la gracia de Dios para salvación. (Esto no requiere que Dios infunda fe para despertar el alma muerta maniquea). Cuando Dios elige a las personas, lo hace basándose en su presciencia de las elecciones humanas. (El concepto cristiano de la elección no sigue la enseñanza gnóstica de la elección o condenación unilateral en base a decretos eternos estoicos que controlan cada detalle en el universo.) Cristo murió por cada ser humano (no solo por los escogidos).[15] En estas

[15] Es cierto que diversos autores tienen diversas ideas sobre cómo entendía la iglesia de los primeros siglos la expiación/propiciación. Ver David Allen, *The Extent of the Atonement: A Historical and Critical Review* (Nashville, TN: B & H Academic, 2016). No concuerdo con Allen en cuanto a su tratamiento de Agustín y Próspero, pero apoyo su argumento a favor de Orígenes, Atanasio, Cirilo, Ambrosio, Crisóstomo y otros padres de la iglesia primitiva, que enseñaron que la muerte de Cristo fue suficiente para redimir y fue destinada a todo ser humano. Es decir, Cristo no murió solo por los elegidos. Estos primeros autores dejaron muy claro que Dios requería fe para que el sacrificio de Cristo fuera eficaz, de tal manera que solo los elegidos serían redimidos (contra universalismo). No se debatió la cuestión de la eficacia limitada hasta después de que Agustín se convirtiera al determinismo, cuando alteró su teología

enseñanzas, todas las demás ramas principales del cristianismo se mantienen firmes junto con la iglesia de los primeros siglos contra el determinismo unilateral divino pagano estoico, gnóstico, neoplatónico y maniqueo.

El cristianismo de los primeros siglos enseñaba que:

1. Dios ofrece la salvación a cada persona por igual,
2. El ser humano, en su libertad de elección, retiene un residuo de capacidad de responder a Dios,
3. La expiación fue universal,
4. La elección está condicionada por la presciencia divina,
5. Dios da vida eterna a aquellos que responden con fe.

Estos conceptos forman el sólido fundamento defendido por el primer cristianismo contra la PDUDEI determinista herética y pagana, y la teología posterior (TULIP) de Agustín. El Dios cristiano de amor que se sacrificó a sí mismo, invita a todos los seres humanos a que se reúnan con él en vida eterna.

---

enseñando que Dios NO deseaba que cada ser humano fuera salvo, puesto que Dios había creado a muchas personas con el propósito de condenarlas eternamente para la alabanza de su gloria.

Apéndice 1
"Siempre he sido un calvinista: ¿Qué hago ahora?"

Si eres calvinista, este libro no debe hacer que abandones tu fe. El apostatar del calvinismo no significa que no seas uno de los escogidos. Sí quiere decir que valoras la verdad por encima de la tradición. A Agustín se le denomina, con razón, unos de los padres de la Iglesia Católica Romana y se le respeta como filósofo en la civilización occidental. Agustín siguió aferrándose firmemente a los fundamentos doctrinales del cristianismo. Pero eso no significa que todo lo que enseñaba fuera lo correcto. La Iglesia Católica Romana no enseña el determinismo de Agustín. Uno debería apreciar a Agustín por sus contribuciones al cristianismo y a la misma vez reconocer que se salió de los límites mientras luchaba contra los pelagianos.

Si comprendes las fuentes paganas que impulsaron la conversión de Agustín al determinismo, deberías considerar abandonar el calvinismo agustiniano. En toda la historia cristiana, Agustín ha sido el único obispo cristiano que de joven haya sido influenciado profundamente por su participación en los tres sistemas más deterministas que jamás hayan existido: el maniqueísmo gnóstico, el neoplatonismo y el estoicismo. Las ideas deterministas de Agustín no surgieron del apóstol Pablo (un fariseo que creía en la libre elección). Más de cincuenta autores cristianos anteriores a Agustín lucharon contra esas filosofías del destino mientras enseñaban la libre elección. Nos debería preocupar mucho este nuevo conocimiento de cómo y por qué Agustín regresó al determinismo pagano. Cuando combinamos estos hechos con el conocimiento de que tanto Lutero como Calvino creyeron erróneamente que Agustín simplemente enseñaba lo que habían enseñado todos los primeros padres de la iglesia, salta a la vista la falta de estabilidad que tiene la arena pagana sobre la que se ha construido el fundamento del calvinismo agustiniano.

El fundamento cristiano no comienza diciendo "Dios es soberano". Al contrario, esa base es uno de los fundamentos filosóficos y teológicos del estoicismo.[1] Fuera del ámbito de los grupos calvinistas, todos los demás grupos cristianos principales exaltan otro elemento primario que considero mucho más importante en la teología: "Dios es amor". Debemos escoger amar a aquel Dios que primero amó a TODA la humanidad (a todos los humanos por igual) y debemos escoger amar a la humanidad que Dios ama.

Cada religión y cada filosofía tienen sus dificultades y problemas. Ninguno de ellos es perfecto. Cada ser humano comete errores, y me incluyo a mí mismo. Cuando leas pasajes supuestamente deterministas en las Escrituras, utiliza este libro para ver cómo los interpretaban los primeros cristianos y contrástalo con las malas interpretaciones de los gnósticos y de los maniqueos. Su dios pagano no se relaciona con nadie. Al contrario, abraza al Dios cristiano amoroso que te invita a escoger, pues no es un dios pagano que te hipnotiza para que cambies tu manera de pensar.[2]

---

[1] Ver mi próximo libro que se publicará en el año 2020, *God's Sovereignty: An Historical, Philosophical, and Theological Analysis.*

[2] Para más información sobre el libre albedrío, recomiendo: Tim Mawson, *Free Will: A Guide for the Perplexed* (London: The Continuum International Publishing Group, 2011).

Diagrama cronológico: Determinismo vs Libre Albedrío

Filosofías Deterministas
de Paganos y de Agustín
Gnosticismo
Estoicismo
70
100
130
160
190
220
250
Libre Elección Cristiana
Clemente de Roma*
Ignacio de Antioquía*
Epístola de Bernabé
Pastor de Hermas*
Justo Mártir
Arístides
Tatiano
Hegesipo
Melito de Sardis
Teófilo, Obispo de Cesarea
Ireneo
Clemente
Tertuliano
Bardaisan
Cayo
Hipólito
Novaciano
Julio Africano
Cipriano
Orígenes de Alejandría
Gregorio Taumaturgo
Unanimidad Sobre la Libre Elección del
Cristianismo (Rechazaba el Determinismo)
*Tres de los cincuenta y tres autores más tempranos solamente
hacen alguna alusión en cuanto a la libre elección

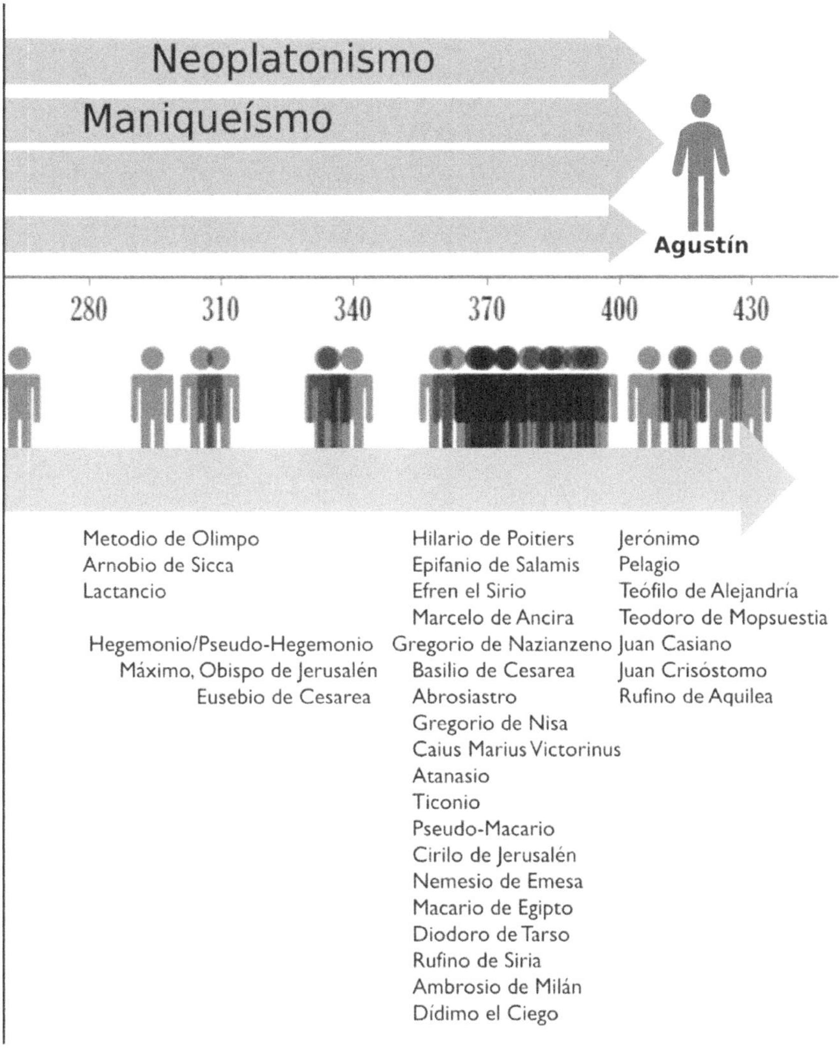
Neoplatonismo
Maniqueísmo
Agustín
280
310
340
370
400
430
Metodio de Olimpo
Arnobio de Sicca
Lactancio
Hegemonio/Pseudo-Hegemonio
Máximo, Obispo de Jerusalén
Eusebio de Cesarea
Hilario de Poitiers
Epifanio de Salamis
Efren el Sirio
Marcelo de Ancira
Gregorio de Nazianzeno
Basilio de Cesarea
Abrosiastro
Gregorio de Nisa
Caius Marius Victorinus
Atanasio
Ticonio
Pseudo-Macario
Cirilo de Jerusalén
Nemesio de Emesa
Macario de Egipto
Diodoro de Tarso
Rufino de Siria
Ambrosio de Milán
Dídimo el Ciego
Jerónimo
Pelagio
Teófilo de Alejandría
Teodoro de Mopsuestia
Juan Casiano
Juan Crisóstomo
Rufino de Aquilea

Made in the USA
Las Vegas, NV
21 November 2024

12268305R10089